Saskia Graciella Dürr

Die Männerversteherin und der Frauenflüsterer

Saskia Graciella Dürr

Die Männerversteherin und der Frauenflüsterer

In 10 Schritten zur optimalen
Mann-Frau-Kommunikation

Copyright:
2018 Saskia Dürr
Perchastraße 11a
82319 Starnberg
info@saskiaduerr.de

Herstellung und Verlag:
Books on Demand (BoD), Norderstedt

Umschlaggestaltung:
Pari Design
Pari Mahroum, Nürnberg

Satz: P. Sommersgutter und C. Beck

ISBN: 978-3-7460-5629-6

*Ein großes wunderbares unendliches Dankeschön
an Ursula und Wolfram Dürr, die mich immer in
allen Situationen selbstlos unterstützt haben
und ohne die ich niemals eine solche Expertin
für Mann-Frau-Kommunikation geworden wäre.*

Vorwort

Hallo und herzlich willkommen!

Wie kommt dieser Ratgeber zu seinem Titel? Schon im Titel zeigt sich der kommunikative Denkunterschied, der mir bei Männern und Frauen aufgefallen ist: Frauen wollen verstehen! Sie wollen *Männerversteherinnen* sein! Sie fragen sich selbst ständig „Warum ist das so?" Wenn Frauen das Gefühl haben, dass sie etwas verstehen, dann sind sie mit ihrem Gegenüber toleranter, geduldiger und freundlicher, eben „Männerversteherinnen". Männer dagegen sagen mir immer wieder: „Jetzt verstehe ich schon mehr und besser, aber ganz werde ich Frauen nie verstehen!" Männer fragen mich immer nach ein bis zwei Tricks, die sie aus der Tasche zaubern können, um ihr Gegenüber mit geheimen rhetorischen Einflüsterungen zu manipulieren. Nach meiner Erfahrung möchten Männer *Frauenflüsterer* sein und sich in ihrer bewundernswerten Kommunikationskompetenz bestätigt fühlen. Außerdem ist der Begriff „Frauenversteher" ähnlich negativ besetzt wie „Warmduscher" oder „Mittelstreifenfahrer". Frauen dagegen verabscheuen Manipulation und wollen ehrlich und sie selbst sein – so ist ihr Selbstbild. Auch, wenn Frauen durchaus oft manipulieren, möchten sie sich selbst nicht so wahrnehmen, sondern lieber als ehrliche authentische Frau. Männer wiederum fühlen sich sehr wohl gerne als rhetorischer Zauberer.
Es gibt in diesem Ratgeber nicht viele Fußnoten und Quellenangaben. Ich habe mit zehn Jahren angefangen, mich mit dem Thema „Männersprache/Frauensprache" zu beschäftigen. Zunächst habe ich vieles in Frauenzeitschriften im Psychoteil verschlungen, dann bin ich in die Erwachsenenbibliothek gegangen und habe mir entsprechende Fachliteratur ausgeliehen. Bis heute verschlinge ich jede Lektüre zu diesem Thema. Zeit meines Lebens habe ich sehr viele Gespräche mit Psychologen, Soziologen, Biologen, Kommunikationswissenschaftlern und -trainern geführt. Aus

diesem ganzen Sammelsurium aus über dreißig Jahren persönlichem, brennenden Interesse und fünfzehn Jahren Trainingserfahrung sowie Beispielen aus dem Arbeitsleben sowohl meiner Tätigkeiten als auch den Erlebnissen meiner Teilnehmer, ergibt sich mein heutiges Fachwissen, mit dem ich schon vielen Menschen helfen konnte. Diese Quellenangaben alle wieder nachzuvollziehen erscheint mir schlicht unmöglich.

Nach meinen Trainings und Seminaren bekomme ich im Feedback fast immer die Note 1 und nie schlechter als die Note 2. Diese besondere Bündelung und Neuverknüpfung von Fachwissen, die meinen ganz speziellen Zugang zum Thema ausmacht, kann ich also leider nicht mehr wissenschaftlich nachvollziehen – und deswegen habe ich auch einen Ratgeber geschrieben und keine Doktorarbeit.

Ich wünsche Ihnen von Herzen viel Erfolg mit den neuen Erkenntnissen, entspannte Kommunikationssituationen und viel Spaß bei der Anwendung meiner kleinen Tricks.

Saskia Graciella Dürr

Starnberg, im April 2018

Schritt 1: Männersprache – Frauensprache

Warum denken und reden Männer und Frauen unterschiedlich? Woher kommt's?

Wir alle haben Erfahrungen damit gemacht, dass Männer und Frauen unterschiedlich denken und sprechen. Warum ist das so und welche Ursprünge hat dieser geschlechtsspezifische Unterschied?

Zum einen Teil ist unsere Biologie dafür verantwortlich, dass Frauen und Männer über die Jahrtausende unterschiedliche Sprachmuster entwickelt haben. So unterscheidet uns ein verschiedener Aufbau des Gehirns (zum Beispiel haben unsere Sprachzentren ganz andere Strukturen) und eine Vielzahl von Hormonen.

Man weiß aber inzwischen auch, dass das Gehirn sich im Laufe eines Lebens immer wieder neu strukturieren und aufbauen kann. Die verschiedenen Strukturen des Sprachzentrums im Gehirn bauen sich während unserer ersten Kommunikationserfahrungen in der Kindheit auf und können sich aber im Lauf des Lebens auch noch ändern. Nur haben die wenigsten Menschen die Offenheit und die Macht über sich selbst, dies wissentlich zu tun.

Eine große Rolle in der unterschiedlichen Sprachentwicklung von Frauen und Männern spielt auch angelerntes Verhalten. So wird zum Beispiel Jungen in der Erziehung der Eltern und der Gesellschaft oft aggressiveres Verhalten zugebilligt als Mädchen, was sich sprachlich in Kraftausdrücken und allgemeinem Macht- und Statusgehabe äußern kann. Unser Sprachverhalten ist uns selbst meist gar nicht bewusst.

Viele glauben auch, dass jeder Kommunikation und Sprachstil als Kind eins zu eins von seinen Eltern lernt und übernimmt. Das stimmt aber nicht.

Kommunikation lernt man nicht ausschließlich von seinen Eltern. Unsere Eltern bringen uns die Sprache bei und Höflichkeitsformen (hoffentlich!) Sie lehren uns „Danke" und

„Bitte" zu sagen und „Guten Tag". Vielleicht lehren Sie uns auch, Fremdwörter, Schachtelsätze oder ganz einfache Redewendungen zu verwenden.

Wir lernen von unseren Eltern das Werkzeug Sprache, aber wie wir miteinander sprechen oder nonverbal kommunizieren, das lernen wir in erster Linie meist im Spiel mit anderen Kindern.

Wir fangen schon als kleine Kinder im Spiel an, die Kommunikationsformen zu üben, mit denen wir später im Beruf handeln.

Ob sie in der Großstadt aufwachsen oder auf dem Land, in Deutschland oder im Dschungel, ob sie vor 300 Jahren aufgewachsen sind oder heute – die unterschiedliche Art zu sprechen von Männern und Frauen war, ist und bleibt begründet in unserem Kinderspiel.

Studien haben ergeben, dass die meisten kleinen Kinder auf der Welt das gleiche große Urbedürfnis im Spiel mit anderen haben: eine Gruppe zu bilden.

Den Knackpunkt dabei zur unterschiedlichen Kommunikation mit anderen Menschen von Jungs und Mädchen bildet die Gruppenstärke.*

Kleine **Jungen** bilden gerne zum Spielen, wenn möglich, kleine Gruppen mit mehreren kleinen anderen Jungen. Natürlich spielen sie auch gerne einmal zu zweit oder allein, aber die meisten kleinen Jungen fühlen sich am wohlsten, wenn Sie in einer kleinen Gruppe zu mehreren spielen.

Wenn Sie mit einem kleinen Jungen in den Urlaub fahren, wo er keine Kinder kennt, können Sie oft beobachten, dass der kleine Junge bald in einer kleinen Gruppe ihm völlig unbekannter Kinder unterwegs ist. Auch auf Spielplätzen kann man dieses Phänomen immer wieder gut beobachten: Die meisten kleinen Jungs schließen sich gerne Gruppen mit mehreren Kindern zum Spielen an.

---

* Deborah Tannen

Kleine **Mädchen** spielen dagegen meistens lieber zu zweit. Das ist auch eine Gruppe, allerdings eine sehr kleine, in der andere Kommunikationsregeln herrschen als zu mehreren. In der Jungs-Gruppe ergibt sich schnell eine Hierarchie, eine Hackordnung: Einer ist der Anführer, einer der Ratgeber, ein anderer der Starke, ein weiterer der Clown und so weiter. Jeder Junge, der neu in die Gruppe kommt, sucht sich seinen Platz in der Hierarchie und akzeptiert die vorhandenen Gegebenheiten. Das macht es Männern im Berufsleben später auch leicht, die gewachsenen Hierarchien sofort anzuerkennen, sich einzufügen und ihre eigene Kommunikationsweise anzupassen.

Nun fällt auf, dass sich fast alle Jungengruppen auch einen Trottel in der Gruppe leisten. Dieser Gruppentrottel passt an sich nicht in die Gruppe, macht immer dumme Bemerkungen und ist zu nichts zu gebrauchen. Dabei handelt es sich nicht um ein Kind, von dem die Eltern die anderen Jungen gezwungen haben, es mitspielen zu lassen. Jede Jungen-Gruppe bestimmt selbst, welcher Trottel mitspielen darf. Wenn die Eltern zu einer Jungen-Gruppe sagen: „Jetzt lasst den Harald doch auch mal mitspielen", dann spielt der Harald so lange mit, wie die Eltern gucken, danach versucht die Jungen-Gruppe ihn schnell irgendwie im Regen stehen zu lassen. Besonders kleine Kinder lassen sich nicht ihre Spielpartner und vor allem nicht ihre Freunde von Autoritätspersonen vorschreiben. Sie spielen in so einem Fall notgedrungen nebeneinander her, aber Sympathie kann man nicht erzwingen.
Der Trottel ist also selbst ausgesucht und akzeptiert von der kleinen Jungen-Gruppe. Und der läuft, mit bis die Gruppe sich auflöst. Notfalls, wenn alle Mitglieder betagt sterben.
Als Berlinerin war mir in meiner Wahlheimat Bayern das Phänomen lebenslange Freundschaft seit der Kindheit in unveränderter Gruppenzusammensetzung neu.
Auch mein langjähriger Partner war Bayer und traf sich gerne mit seiner Jungen-Gruppe, die er schon seit frühes-

ter Kindheit kannte. Wenn wir zu gemeinsamen Partys einluden, kam natürlich auch immer seine gesamte Jungen-Gruppe. Alle waren sehr nette und interessante Männer mit vielen gemeinsamen Interessen, dem gleichen sozialen Hintergrund und Bildungsniveau. Nur einer passte meiner Meinung nach nicht in diese Gruppe. Er war Alkoholiker, ungehobelt, ungebildet und fing leicht Streit an, der dann auch schnell handgreiflich ausarten konnte. Frauen begrabschte er gerne ohne Vorwarnung, vor allem wenn sein Alkoholpegel stieg. Ein sehr unangenehmer Mensch. Ich fragte meinen Partner, ob wir den bei der Einladung nicht einfach vergessen könnten, weil er für mich immer eine Zeitbombe auf jedem Fest darstellte. Mein Partner war fassungslos: „Den müssen wir einladen, der gehört doch dazu!" „Ja", meinte ich, „aber das verstehe ich nicht. Der passt nicht in Eure Gruppe von netten und guten Männern, außerdem habe ich das Gefühl, Ihr mögt den selber nicht unbedingt leiden." „Das stimmt", erwiderte mein Partner, „aber der war halt immer schon dabei". Und deshalb wurde er, als fester Teil der Gruppe, bis ins Erwachsenenalter mitgetragen, ertragen und keiner aus der Gruppe stellte seine Anwesenheit in Frage.

Und jetzt schauen Sie mal in von Männern geführte Abteilungen: Da finden Sie oft auch einen Trottel! Jemanden, der nichts kann, nichts leistet – oder noch schlimmer: mit dem Hintern einreißt, was die anderen Mitarbeiter mühevoll diplomatisch oder handwerklich aufgebaut haben. Frauen fragen sich, warum darf so jemand hier arbeiten?! Männer tolerieren oft ohne nachzudenken, dass es auch Trottel in einer Firma gibt.

Kleine Jungen erziehen sich gegenseitig von früh auf im Gruppenspiel zu einer toleranten und sozial veranlagten Weltsicht.

Selbst wenn sie als erwachsener Mann so einen Trottel in der Abteilung haben, werden sie sich selten daran stören. Nichtproduktive Trottel werden von Männern bis zu einem gewissen Grad geduldet, ignoriert oder ertragen.

Ein Seminarteilnehmer sagte mir sogar einmal: „Ja, einen Trottel brauchen sie ja auch als Blitzableiter. Da haben die anderen immer einen zum Vergleichen und stellen fest, dass sie selbst gar nicht so übel sind und es auch schlimmer geht – siehe der Trottel. Und sie haben in der Gruppe immer einen, über den man lachen kann oder lästern oder über den man sich Geschichten erzählen kann." Da ist auch viel Wahres dran. Dieses Phänomen ist Mädchen und Frauen fremd. Natürlich, wenn ich zu zweit spiele und meine Spielgruppe also sehr klein ist, kann ich mir als einziges Gegenüber keinen Trottel leisten. Da brauche ich jemanden auf Augenhöhe, der meine Interessen teilt und mit mir vieles gemeinsam hat, sonst macht es keinen Spaß, zusammen zu spielen.

Beobachten Sie mal die kleinen Jungen auf dem Spielplatz. Sie werden staunen, wie viel da bereits genauso im Gespräch abläuft wie 20 Jahre später im Büro: Da werden die Spielzeugautos verglichen, die coolste Schaufel stolz herumgezeigt. Ein Dreirad oder ein großer Bagger, den man wie einen echten bewegen kann, wird von allen anderen kleinen Jungen neidvoll bestaunt. Der Baggerbesitzer hat je nach innerer Veranlagung schnell neue kleine Freunde. Oder er wird von einem anderen kleinen Jungen gezwungen, den Bagger herzugeben. Welcher Fall eintreffen wird, lässt sich oft schon an der Körpersprache vorhersehen. Tritt der Baggerbesitzer mit stolzgeschwellter Brust auf, mit Besitzerstolz und Selbstsicherheit, suchen die anderen kleinen Jungen seine freundschaftliche Nähe. Ist der Baggerbesitzer ein zarter Schüchterner, der sich ängstlich umschaut, ist die Wahrscheinlichkeit größer, dass andere Kinder ihn einfach von seinem Bagger wegschubsen. So traurig das ist, die Körpersprache trägt auch schon von klein auf einen großen Teil zur Kommunikation bei, und Kinder können sie instinktiv lesen.

Kleine Jungen lernen also von klein auf: Wenn ich bewundert oder anerkannt werden will, dann muss ich mich spezialisieren und das zeigen. Am besten ist es, ich habe etwas oder kann etwas, was die anderen noch brauchen. Daher können erwachsene Männer sich meistens auch so gut selbst vermarkten – und Frauen mit dieser Art Selbstvermarktung meist nicht viel anfangen, sie nennen es „gockeln" und „angeben", aber dazu später mehr.

Wenn ich mich als kleiner Junge einer neuen Jungengruppe als potenzieller Spielkamerad präsentiere, muss ich ja den anderen irgendwie zeigen, dass ich als Mitspieler tauge. Einen Gruppentrottel gibt es meistens schon, nur wenn man Glück hat, ist dieser Part noch vakant, und die anderen finden die eigene Trottelei interessant genug, um einen als Gruppentrottel aufzunehmen.

Die meisten kleinen Jungen spielen gerne in immer derselben Gruppe. Mit der rennen sie um die Häuser, machen Blödsinn, denken sich kleine und große Streiche aus, erzählen sich kleine Angebergeschichten und raufen, nur um mal zu sehen, wer stärker ist. Und sie spielen mit Leidenschaft typische Gruppenspiele wie „Räuber und Gendarm", „Cowboy und Indianer". Neulich habe ich auf einem Spielplatz erlebt, dass das Spiel auch „Außerirdische und Raumfahrer" heißen kann. Hauptsache, die einen spielen gegen die anderen. Auch eine Variante von Fußball sieht man oft schon bei kleinen Jungen, gerne auch mit nur einem Tor aus zwei hingeschmissenen Jacken auf der Wiese improvisiert.

Beim Gegeneinander-Spiel kann es auch mit Leidenschaft heiß hergehen. Da fallen derbe Schimpfwörter, da wird geschubst, getreten und einander bewusst weh getan. Nach dem Spiel essen die Gegner wieder zusammen ein Eis.

Das machen später die erwachsenen Männer auch: Im Meeting geht es heiß her, da wird rhetorisch mit allen Tricks gewetteifert, da werden unfaire Methoden ausgepackt und auch schon mal herumgebrüllt – und wenn das Meeting vorbei ist, gehen die Gegner zusammen zum Mittagessen oder ein Bier trinken, als wäre nichts gewesen. Auch das können Frauen oft nicht verstehen. Auch hierzu später mehr.

In ihrer kleinen Gruppe trainieren also schon die kleinen Jungen von Anfang an Seilschaften, Zweckbündnisse und persönliche Stärken. Sie wetteifern von Kindesbeinen an um den Aufstieg oder den Platzerhalt in ihrer kleinen Hierarchie. Sie üben von klein an das Wir-Gefühl in der Gruppe. Die Anerkennung im Team ist Jungen und später dann auch Männern sehr wichtig.

Ich habe in meinen fortwährenden Nachforschungen zum Thema verschiedene Erklärungen gefunden, was kleine Jungs in der ganzen Welt dazu antreibt, gerne in einer größeren Gruppe zu spielen. Eine Gruppe, die auf jeden Fall größer ist als zwei Mitglieder – manche Männer haben mir im Seminar auch schon gesagt, je mehr in der Gruppe dabei sind, desto besser!

Mir persönlich war eine Erklärung am plausibelsten, handelt es sich ja um eine Art Instinkt, der kleine dreijährige Jungen ohne elterliche Aufforderung an dieser Spielform Gefallen finden lässt.

Schauen wir mal zurück in die Urzeit. Von welchen Urahnen stammen wir ab? Von denen, die überlebt haben, die Mittel und Wege gefunden haben, sich selbst und den Nachwuchs gut durch das Leben zu bringen. Schauen wir auf die internationalen Höhlenmalereien, seien es europäische, afrikanische, australische oder mittelamerikanische: Männer werden oft als Jäger in einer Gruppe dargestellt. Das hat jetzt nichts mit Unemanzipiertheit zu tun. Männer sind Frauen auch heute noch in den meisten Sportarten zeitlich in den Rekorden überlegen. Sie haben einfach einen anderen Körperbau und können meistens schneller rennen, schwimmen und oft auch besser zielen. Und es ergibt ja rein praktisch auch Sinn, dass die Männer die Jäger waren – wie soll eine hochschwangere Frau Erfolg auf der Mammut- oder gar der Säbelzahntigerjagd haben? Und die Natur hat selten verhütend gedacht – erwachsene Frauen waren sehr oft schwanger.

Lassen Sie mich den auch heute noch aktuellen Drang der

kleinen Jungs, in einer Gruppe zu mehreren zu spielen, mit dem Bild der urzeitlichen Jagd auf das Mammut erklären.

Ein Mann gegen ein Mammut: Da war die Chance ca. 80:20, dass das Mammut gewinnt.

Eine Gruppe mehrerer Männer gegen ein Mammut hatte da schon eine größere Chance.

Man kann die Talente jedes Einzelnen nutzen und zu einem guten Konzept zusammenfügen. Der eine konnte besonders schnell laufen, der andere zielen, der dritte gut das Ganze überblicken und anweisen, ein vierter war sehr gut im Zerlegen des Fleisches und so weiter. Und die Gruppe ist natürlich umso erfolgreicher, wenn die Männer sich schon von klein auf kennen, die Stärken und Schwächen der anderen im Spiel erprobt haben und so ein eingespieltes Team sind, sodass die Jagd oder selbst die Verteidigung des ganzen Stammes auch ohne viele Worte gut funktioniert.

Diejenigen unserer Urahnen, die als Männer-Gruppe gejagt haben und den Stamm gegen Gefahren verteidigt haben und das bereits als kleine Jungengruppe spielerisch miteinander geübt haben, das waren die Erfolgreichen, von denen die meisten von uns abstammen. Sie haben es in ihren Genen bis heute weitervererbt, dass es sich für einen kleinen Jungen gut anfühlt, wenn er in einer Gruppe spielt.

Genauso kann man am Beispiel der Urvorfahren erklären, warum Mädchen wohl bis heute meistens lieber zu zweit spielen.

Jede Frau, die einmal Mutter geworden ist, fühlt, dass sie ihr Kind nur in die besten Hände geben will. Sie muss jemandem 100 Prozent vertrauen können, ihn am besten in- und auswendig kennen und sehr mögen, am besten ihn als Seelenverwandten empfinden.

Wenn eine Frau schon als kleines Mädchen mit einem anderen Mädchen in der spielerischen Zweiergemeinschaft die andere auf Herz und Nieren geprüft hat und sich beide sehr nahe und eins fühlen, dann kann sie später als erwachsene Mutter ihr Baby ohne Nachzudenken der besten Freundin überlassen. Sie würde im Gegenzug auch selbst das Baby ihrer besten Freundin bestmöglich versorgen, wenn das nötig würde.

Wie schon gesagt, erwachsene Frauen in der Urzeit waren sehr oft schwanger. Wenn eine Frau in den Wehen lag und danach im Wochenbett und schon zwei Kinder im Alter von einem und zwei Jahren hatte, war es gut, eine andere Frau zu haben, die auf die beiden achtet, damit sie nicht ins Feuer fallen oder von wilden Tieren geholt werden.

Schließlich konnte die junge Mutter die Kleinkinder ja schlecht den Männern mit auf die Jagd geben, die täglich zur Nahrungsbeschaffung und zur Verteidigung stattfinden musste.

Unsere Urmütter sind also mit der intensiven Zweier-Spielgruppe als kleine Mädchen am besten gefahren und unsere Urahnen hatten so die besseren Überlebenschancen als Babys, die im besten Fall mal kurz von der besten Freundin ihrer Mutter gehütet wurden, im schlechtesten Fall sogar adoptiert werden mussten.

Kommen wir wieder zurück zu den kleinen Jungen/große Männer-Spielgruppen:

Mit dem Bild der Mammutjagd kann man auch schön erklären, warum in den meisten Männern das „höher, schneller, weiter"-Streben so ausgeprägt ist: Unsere Urväter haben in der Gruppe ja auch zusammen ausgetüftelt, wie sie am schlauesten möglichst gefahrlos so viele Mammuts wie möglich erlegen konnten. Zum Beispiel mit angespitzten Holzstämmen oder mit Fallen.

Wir stellen uns mal den Stamm der „Listigen Biber" vor, 20 Personen stark, davon acht Männer, der Rest Frauen und Kinder. Die Listige-Biber-Männer bringen täglich ein Mammut zur Strecke. Das ist ausreichend, um den ganzen Stamm zu ernähren und es wirft auch genug Felle ab, sodass es alle schön warm haben.

Nun trifft der gesamte Stamm der Listigen Biber unterwegs auf der Suche nach einer neuen Lagerstelle auf das

Lagerfeuer des Stamms der „Schlauen Büffel". Die laden zu einem gemeinsamen Grillen ein und geben gastfreundlich mehr als genug Fleisch an die Listigen Biber ab. Man unterhält sich. Zufällig ist der Schlaue-Büffel-Stamm auch 20 Personen stark, und auch davon sind acht Männer. Im Gespräch erfahren die Listigen Biber, dass die Schlaue-Büffel-Männer pro Tag nicht nur eins, sondern drei Mammuts erlegen. Ihre besonderen Jagdtricks wollen sie allerdings nicht verraten.

Im Listige-Biber-Stamm gibt es zwei fast erwachsene Mädchen, die schauen auf einmal sehr aufmerksam die jungen noch alleinstehenden Schlaue-Büffel-Männer an. Diese Büffel-Männer schauen ja gar nicht mal schlecht aus. Und es gibt bei denen Essen im Überfluss, man könnte öfter auch mal ein Filetstück essen und muss nicht immer nehmen, was gerade übrig ist. Außerdem gibt es aufgrund der Mammut-Überfülle auch mehr Felle, also nicht nur welche zum Warmhalten, sondern vielleicht noch eins extra zum Einkuscheln, und dann kann man den einen Tag ein helles tragen und den anderen ein dunkles. Also kurz: Ein Leben in viel mehr Luxus winkt! Die alleinstehenden jungen Frauen der Schlauen Büffel dagegen interessieren sich nur mäßig für die jungen Listige-Biber-Männer in ihren abgetragenen Fellen.

Bevor Sie mir jetzt die Klischees um die Ohren werfen: In fast allen aktuellen psychologischen Studien zum Thema „Welche Männer ziehen die meisten Frauen an und umgekehrt" kommt trotz Gleichberechtigung und sozialer Erziehung doch immer noch das Ergebnis heraus, dass Männer sich mehr kommunikativ anstrengen, wenn eine Dame im Raum ist, und dass Frauen, wenn sie die Wahl haben, meistens doch eher den vermeintlich erfolgreichen Mann wählen, der ein Leben in mehr Luxus verspricht. Es steckt einfach in unseren Genen seit der Urzeit!

Die Männer vom Listige-Biber-Stamm packt nach dem gemeinsamen Grillen der Ehrgeiz, auch eine neue Jagdstrategie zu entwickeln.

Sie überlegen sich, die Mammuts einem Abhang entgegen-
zutreiben, wo sie dann einfach hinunterfallen. Es klappt!
Fünf Mammuts auf einmal an einem Tag! Die Überlegen-
heit wird gefeiert, und zwar am besten zusammen mit dem
Stamm der Schlauen Büffel! Die freuen sich über die Einladung, und jetzt geht es erst richtig los: Der Wettstreit zwischen beiden Stämmen, wer mehr Mammuts an einem Tag
den Abhang hinuntertreiben kann, hat begonnen.
Immer neue Methoden werden ausgetüftelt, überraschende
Strategien und effektivere Waffen getestet. Der Wettstreit
zwischen den rivalisierenden Männergruppen dauert bis
heute an – in der Berufswelt, im Sport, in der Politik.
Wir können heute die Mammutjagd von damals direkt auf
das Gruppenspiel Fußball übertragen*:
Ein Mammut den Abhang runterschmeißen = ein Fußballtor.
Welcher Stamm bzw. welche Fußballmannschaft mehr Tore
schießt, hat gewonnen und feiert!

Kleine Mädchen spielen meistens und am liebsten zu zweit.
Natürlich gibt es auch bei kleinen Mädchen Gruppen zu
mehreren, Cliquen und auch Einzelgängerinnen. Aber am
meisten sind Mädchen zu zweit anzutreffen. Auch wenn
mehrere Mädchen und später dann Frauen zusammen eine
Gruppe bilden, teilt es sich in dieser Gruppe meistens wieder in kleine Zweiergruppen auf.**

---

* Fußball ist das wohl populärste Gruppenspiel in Deutschland.
Das Mammutjagd-Beispiel kann auf jede Art von Gruppenspiel
übertragen werden.

** Eine meiner Studentinnen sagte mir sogar einmal, dass,
wenn sie zu viert mit Freundinnen verabredet ist und eine
absagt, ja noch eine schnell absagen müsse, da sich sonst
immer eine als fünftes Rad am Wagen fühlen würde. Solche
Überlegungen sind Männern generell fremd, da ist es egal, wie
groß die Gruppe ist und wer alles dabei ist und wie gerade oder
ungerade die Anzahl der Mitwirkenden ist.

Mit der besten Freundin fangen Mädchen von klein auf an, enge und vertrauliche Nähe aufzubauen, und sei es durch kleine Geheimnisse und Tuscheleien über die anderen. Sie üben das Wir-Gefühl in der Zweierbeziehung.

Sie fangen auch im Alter von drei Jahren bereits an, eine „Frauensprache" zu sprechen, die international ähnlich aufgebaut ist: Um die Spielgefährtin nicht vor den Kopf zu stoßen, bilden kleine Mädchen in ihrer Kommunikation das, was ich gerne „die goldene Watte-Wolke des weiblichen Sprachmusters" nenne:

- Mädchen benutzen viele Konjunktive wie „wir könnten doch", „wir sollten mal wieder", „ich würde gerne", etc.
- Mädchen reden indirekt wie z.B. „es ist so dunkel auf einmal" statt „Mach das Licht an" (das wäre dann direkte Männersprache).
- Mädchen benutzen Einschränkungen wie vielleicht, eventuell, sicherlich, gerne auch als Business-Frau später „Ich glaube" anstelle von „Ich weiß".
- Mädchen verwenden Verniedlichungen wie Püppchen, Tischchen, Söckchen, Pferdchen.

Um eine schöne harmonische Spielstimmung zu erzeugen, sprechen sie miteinander eher indirekt, also z.B. sagt Mariechen: „Mir ist kalt" statt „Mach mal das Fenster zu" und Lottchen versteht dann zwischen den Zeilen die Aufforderung und kann entweder antworten: „Ok, ich mache mal das Fenster zu" oder „Mir ist auch kalt, aber ich kann leider grad nicht das Fenster schließen, weil ich die Hände voll Fingerfarbe habe. Kannst Du es bitte selbst schließen?" Mariechen, der kalt ist, hat also Lottchen die Möglichkeit gelassen, so oder so zu antworten, sie hat ihr keinen direkten Befehl gegeben. So indirekt wird auch über Spiele entschieden:

„Verkleiden macht mir immer so einen Spaß."

„Mir auch, aber heute hab ich bunte Kreide von meiner Mutter bekommen, wir könnten die Straße bemalen."

„Oder wir malen uns Himmel und Hölle."

„Oder wir malen beide ein großes Bild." usw.

Beobachten Sie mal kleine Mädchen auf dem Spielplatz. Die schreien sich selten an mit Befehlen. Die Jungs dagegen schon, da geht es in der Spielgruppe schon sehr direkt in der Sprache zu:

„Schieß doch", „Gib ab, Du Idiot!", „Hierher, hierher", „Alle zu mir, aber schnell", usw.

Mädchen sprechen miteinander auch oft im Konjunktiv: Mariechen: „Wir könnten ja verstecken spielen. Ich würde vorschlagen, dass du anfängst zu suchen." Daraufhin Lottchen: „Ich würde noch lieber auf den Baum klettern und Fee spielen. Wir könnten ja danach verstecken spielen."

Bei Jungs klingt das anders:

„Wir spielen jetzt Fußball, Emil und Lukas wählen die Mannschaften."

Kurz, Mädchen sprechen auf eine Art und Weise, die nicht verletzt, die eine schöne harmonische Zweierbeziehung nicht stören soll. Hören Sie mal genau hin: Erwachsene Frauen sprechen immer noch so!

Und noch dazu erwarten erwachsene Frauen eine harmonische Sprachverwendung auch von ihrem Gegenüber.

Sie erwarten, dass ihr Gesprächspartner zwischen den Zeilen hört, was sie eigentlich sagen wollen. Das kennen sie so noch aus dem Sandkasten – und haben seitdem auch keine andere Kommunikationsform eingeübt. Sie sind zwar mit anderen Kommunikationsweisen in Berührung gekommen, halten diese aber für falsch beziehungsweise sogar für nicht normal oder gemein.

Die Mädchen und Frauen nehmen nicht wahr, dass die männliche Kommunikationsform für die Jungs und Männer normal ist und diese wiederum die weibliche Kommunikationsform als im besten Fall exotisch empfinden, im schlimmsten Fall als zickig, emotional, unverständlich.

Frauen haben also einen bindungsorientierten Sprachstil mit ganz eigenen Redestrategien. Oft treffen sie bedürfnisbezogene Aussagen, um auf ihr Gegenüber bestmöglich einzugehen. Sie rechtfertigen sich und verniedlichen ihre Aussagen oft, um den anderen nicht anzugreifen. Sie bemühen sich meist, möglichst wenig anzuecken und schwächen dafür gerne ihre Aussagen ab.

Diese sprachliche Indirektheit bedeutet aber nicht zwangsläufig, dass sich Frauen den Männern absolut unterwerfen. Man kann auch ein Zeichen von Macht darin sehen, dass sie so Forderungen erfüllt bekommen, ohne sie ausgesprochen zu haben.

Frauen setzen auch oft Fragen ein, um mit ihrem Gegenüber im Gespräch zu bleiben. Sie suchen in jedem Gesprächspartner einen Verbündeten wie ihre kleine beste Freundin früher und benutzen oft Anschlusstechniken (zum Beispiel das sogenannte Nachplappern), um Gemeinsamkeiten zu schaffen. Auch haben sie eine steigendere Satzmelodie als Männer, die ihre Aussagen eher fragend, unentschlossen, vorsichtig oder höflich erscheinen lässt, um ihr Gegenüber nicht unter Druck zu setzen. Nicht zuletzt haben Frauen zudem ein viel größeres Vokabular für Gefühle als Männer. Und das alles haben sie als kleine Mädchen im Spiel zu zweit trainiert und verfeinert.

Wenn Frauen durch die Wortwahl des anderen beleidigt oder verletzt sind, dann sagen sie es oft nicht. Das war schon eine angenehme Taktik in Kindertagen: bei Missfallen der Aussagen der Freundin den inneren Rückzug antreten und mit einem anderen Mädchen spielen, dann muss man sich nicht streiten, das ist sehr praktisch.

Und sollte es dann mal zu einer Meinungsverschiedenheit oder ähnlichem kommen, tendieren Frauen bereits als kleine Mädchen eher zum Ausschweigen.

Verschiedene Ängste

Wir Menschen, Männer und Frauen, haben alle die gleichen Urängste.

Urängste haben wir von Geburt an, und sie lösen in uns überlebenswichtige Instinkte aus. Eine Urangst ist zum Beispiel die Angst vor dem Tod.

Wenn wir in eine lebensbedrohliche Situation geraten, etwa weit vorne am Rande einer Klippe stehen oder ein Bus zu dicht an uns vorbei fährt, bekommen wir ein flaues Gefühl im Bauch, das uns sagt: „Obacht!"

Eine andere Urangst ist die vor dem Ausstoß aus der Gruppe. Das ergibt evolutionstechnisch auch Sinn, denn der Mensch hat als Einzelkämpfer schlicht schlechtere Überlebenschancen in der Urzeit gehabt als in der Gruppe.

Stellen Sie sich mal vor, Sie müssten in der Urzeit-Steppe alleine gegen die wilden Tiere kämpfen, die Nahrung besorgen, Feuer machen und nachts ein sicheres Lager finden. Da war das Leben in der Gruppe schon überlebenssicherer. Einzelgängertum können sich nur wenige Tiere auf Dauer leisten. Das Tier „Mensch" ist auf jeden Fall als Rudeltier gedacht worden.

Es ist sogar in der Säuglingsforschung herausgefunden worden, dass bereits die gefühlte Gruppenzugehörigkeit für ein Baby überlebenswichtig sein kann.

In Waisenhäusern, wo die Babys alles hatten, was sie brauchten, also genug Nahrung, Wärme, Hygiene, etc., hat man festgestellt, dass manche gestorben sind, weil sie nicht genug Körperkontakt zu anderen Menschen hatten. Sie fühlten sich anscheinend ausgestoßen aus der Gruppe.

In Waisenhäusern wie auf Säuglingsstationen ist es daher heute oft die Regel, dass die Kinderkrankenschwestern sich abwechselnd immer wieder ein bis zwei Babys umschnallen und am Körper tragen, damit diese sich geborgen und einer Gruppe zugehörig fühlen.

Die Urangst vor dem Ausstoß aus der Gruppe sitzt also in jedem Menschen ganz tief und ist von existenzieller Bedeutung, wenn auch bei den meisten Leuten im Unterbewussten verborgen.

In unserer modernen Welt mit vielen Einzelgängern kann man die innerlich gefühlte Zugehörigkeit zu einer Gruppe übrigens auch erweitern auf „Ich und mein Hund" oder „Ich und mein Lieblingsautor/Lieblingsmoderator/Lieblingsschauspieler", usw... Jeder Mensch braucht tief im Inneren das Gefühl einer Gruppenzugehörigkeit. Da ist es egal, ob diese Gruppe virtuell im Internet ist oder in seiner Fantasie existiert oder er sich mehr von Tieren oder Pflanzen verstanden fühlt. Hauptsache, er fühlt sich irgendwo dazugehörig.

Diese Urangst vor dem Ausstoß aus der Gruppe spielt auch in kommunikationstechnischer Hinsicht eine sehr große Rolle, vor allem hinsichtlich der Entwicklung der eigenen Denk- und Sprechweise von Männern und Frauen.

Denn kleine Mädchen und Jungen entwickeln diese Urangst vor dem Ausstoß aus der Sippe unterschiedlich weiter in eine differenzierte Angst mit gleichem Ursprung:

Wenn zwei kleine Mädchen sich dann wirklich einmal streiten und wütend auseinandergehen, ist ihre Gruppe erst einmal auseinandergebrochen.

Weil die Zweierbeziehung eine so kleine Gruppe darstellt, versuchen kleine Mädchen wie erwachsene Frauen erst einmal alles rhetorisch Mögliche, um diesen Bruch zu verhindern.

Sollte es aber im großen Streit auseinandergehen, fühlen sich beide Mädchen erst einmal ganz alleine in dieser Welt und fühlen sich ungeliebt und enttäuscht.

Da hilft es auch nicht, wenn sie zu Hause von ihren Eltern und Geschwistern getröstet werden. Die kann man sich ja nicht aussuchen, da setzen kleine Kinder aus normalen Familien die gegenseitige Liebe als selbstverständlich voraus. Aber der Verlust der selbstgewählten Bezugsperson lässt sie sich aus der Gruppe ausgeschlossen fühlen und eben ganz alleine auf der gaaaaaanzen Welt.

Aus der Urangst, aus der Gruppe ausgestoßen zu werden, entwickeln Frauen so bereits als kleine Mädchen die Angst vor Liebesverlust.

In der Business-Welt kann man Angst vor Liebesverlust auch übersetzen mit: Angst vor Respektverlust, Wertschätzungsverlust, Anerkennungsverlust, die Angst, nicht gemocht zu werden.

Ganz anders die Jungen. In deren großer Spielgruppe kann ruhig gestritten werden.

Im Jungenspiel geht es auch rhetorisch anders zu als im Mädchenspiel:

- Jungen kommunizieren sehr direkt: „Gib ab", „Schieß doch", „Hier herüber".
- Jungen beschimpfen sich gegenseitig im Spaß und im Spiel, auch gerne wüst mit Ausdrücken und jeder von ihnen weiß, dass es nicht langfristig gemeint ist.
- Jungen werden schon mal sehr hitzig im Spiel und danach gleich wieder nett – ohne das als Unehrlichkeit zu fühlen – Spiel ist Spiel und danach ist danach.
- Jungen sagen schnell „Ich weiß", um gut dazustehen.
- Jungen erzählen, wer sie sind und was sie können, um in der Gruppe akzeptiert zu werden.

Die Sprache der späteren Männer ist im Gegensatz zu der von Frauen daher eher statusorientiert. Männer wollen Widerstand, sie provozieren den Gesprächspartner gerne, aber meist nicht aus Boshaftigkeit, sondern um ihn zum (verbalen) Kampf zu ermuntern. Vieles dreht sich dabei um Machtgewinn und Wettbewerbsverhalten.

Fragen werden von Männern meist zum reinen Informationsgewinn gestellt. Sie sprechen nur einen Bruchteil der Worte, die Frauen am Tag in die Welt streuen, und diese sind dann notwendigerweise meist themenbezogen und eher sachorientiert.

Wenn sich die kleinen Jungen streiten, kann es sein, dass sich daraufhin zwei Lager in der Spielgruppe bilden oder dass die anderen in der Gruppe den Streit schlichten oder dass einer wütend, traurig oder beleidigt nach Hause geht.

Da weint er vielleicht ein bisschen oder fühlt sich einfach nicht gut und am nächsten Tag geht er wieder zu seiner Gruppe zum Spielen – und keiner redet über den Vorfall und er spielt einfach wieder mit, als wäre nichts geschehen. Es würde ja auch viel zu lange die ganze Gruppe vom Spielen abhalten, wenn der Streit von gestern erst noch einmal thematisiert und ausdiskutiert werden würde.

Dieses Phänomen kann man auch im Geschäftsleben sehr oft beobachten. Männer streiten sich, es geht heiß her und ans Eingemachte, sie beleidigen sich, sie schaden sich und danach gehen sie gemeinsam aus dem Gesprächsraum, lachen und sagen „Junge, Junge, Sie sind ja ein zäher Hund! Gehen wir doch gleich mal ein Bier zusammen trinken". Bei Frauen wäre das undenkbar, dass man nach einem Business-Streitgespräch ganz unbefangen mit dem Gegner etwas trinken geht. Da würde sich vielleicht noch ein höfliches Lächeln abgerungen, aber der innere Hass, Ärger, die unterdrückte Wut würden verhindern, dass sie mit ihrem Gegenüber plötzlich auf beste Kumpel machen würden.*

Es gibt sogar unter Männern das sogenannte Karenzjahr. Das ist ein Phänomen, das in Amerika untersucht und erforscht wurde, aber wohl auch bei uns existiert.

Das Karenzjahr ist demnach ein Jahr, das vergehen muss, bevor verfeindete Männer, die sich gegenseitig schwere Geschäftsverluste beigefügt haben, wieder miteinander essen gehen, als wäre nichts passiert. Vielleicht auch nur, um einander auszuhorchen und dem anderen in der Zukunft dann andersherum schaden zu können, vielleicht aber auch nicht.

So ein Karenzjahr wäre bei Business-Frauen auch undenkbar. Feinde haben Frauen oft fürs Leben. Im besten Fall vergessen sie das gemeine Gegenüber einfach mit der Zeit und ärgern sich nicht mehr täglich darüber, aber mit einem bösen Business-Kontakt oder Feind in vorgespielter Freundschaft zu Mittag essen, das kommt für die meisten Frauen gar nicht in Frage. Sie können das nicht so spielerisch sehen wie die Männer, weil sie es nicht wie die kleinen Jungen im täglichen Gruppenspiel geübt haben. Im Zweierspiel der Mädchen ist Verrat, Gemeinheit oder Hinterhältigkeit als taktisches Spielelement nicht vorgesehen. Daher können Sie Angriffe, hitzige Debatten oder Streitereien im Business-Leben nicht spielerisch sehen und nehmen.

---

* Bei den meisten Frauen würden eher die geheimen Rachepläne geschmiedet oder je nach Veranlagung erst mal lang und breit über den Vorfall gejammert werden.

Über Business-Männer sage ich gern: „Der beißt nicht, der will doch nur spielen!"

Männer genießen die Herausforderung, die ein Streit im Business bietet, das Kräftemessen, den Konflikt. So, wie sie als kleine Jungen in der Gruppe Streit als Teil des Spiels empfunden haben und alle sich täglich trotzdem in Harmonie getrennt haben – oder zumindest am nächsten Tag das kindliche Gruppenspiel weiterging ohne Disharmonie, so als wäre nichts geschehen.

Streit ist also in der Jungen-/Männerwelt nicht so schlimm, weil sie im Spiel gelernt haben, dass die Gruppe sie trotzdem akzeptiert und das Spiel sogar ohne große Problemklärung weitergehen kann.

Sie haben also keine akute Urangst vor Liebesverlust.

Fragt man mal einen Mann nach zwanzig Jahren glücklicher Ehe, ob er Angst vor Liebesverlust hat, schauen die meisten einen dann verständnislos an.

Schließlich hat die Ehefrau ja vor zwanzig Jahren Ja gesagt, was soll da schon geschehen? So mancher Mann wundert sich auch über die „plötzlichen" Trennungswünsche seiner Frau: „Verstehe ich gar nicht, lief doch immer gut. Wir haben zwar in den letzten zwei Jahren kaum miteinander geredet, aber es lief doch irgendwie. Also ich hab mich gut gefühlt ..."

In diesem Fall ist wahrscheinlich auch Verdrängung und Schönfärberei im Spiel, aber vor allem hat ein Mann eben keine Angst vor Liebesverlust, weil er als kleiner Junge im Gruppenspiel gelernt hat, dass es schon irgendwie läuft, auch bei Missstimmigkeiten.

Wenn man allerdings eine Frau nach zwanzig Jahren glücklicher Ehe fragt, ob sie Angst vor Liebesverlust hat, dann sagt sie meistens: „Es läuft eigentlich ganz gut bei uns, natürlich hab ich schon ein bisschen Angst, dass er mal eine andere hat, die schöner, jünger, attraktiver, klüger, erotischer oder einfach nur neuer ist. Aber ich hoffe, es geht so weiter wie bisher."

Eine Frau hat immer Angst vor Liebesverlust.

Das ist auch der Ursprung für Fragen wie: „Liebst Du mich noch? Das hast Du heute noch gar nicht gesagt!", „Was denkst Du?", „Bin ich zu dick?", „Wer war die Frau?", „Mit wem hast Du telefoniert?" – alles Fragen aus Angst vor Liebesverlust, selbst wenn der Mann keine Ursache dafür liefert.

Männer haben auch in der Arbeit keine wirkliche Angst vor Liebesverlust bzw. Verlust der Anerkennung, der Wertschätzung, weil sie ihre instinktive Urangst vor dem Ausstoß aus der Gruppe in eine andere Angst verwandeln.

Es reicht ja nicht, sich in der Jungengruppe zu streiten, um aus der Gruppe geworfen zu werden. Die Urangst vor dem Ausstoß aus der Gruppe verwandelt sich bei Jungen in die Angst vor Gesichtsverlust.

Sein Gesicht vor der Gruppe zu verlieren, das kommt für Jungen und Männer einem gefühlten Ausschluss aus der Gruppe gleich.

Gesichtsverlust ist Mädchen und Frauen dagegen in unseren Breitengraden meistens völlig egal. Sie können auch die Angst von Männern davor nicht verstehen.

Gesichtsverlust bedeutet für Männer im Berufsleben den Verlust ihres Ansehens, ihrer Anerkennung, ihrer männlichen, fachlichen und beruflichen Kompetenz, ihres Wertes, ihrer Ehre, ihres Status und ihrer Männlichkeit.

Deswegen fällt es den meisten Männern schwer, einen Fehler zuzugeben. Sie haben Angst, in dem Moment Schwäche einzugestehen und damit ihr Gesicht vor den anderen zu verlieren, die sie bei einem Fehlereingeständnis für Versager halten könnten. Auch wenn Frauen oft denken, ein Fehlereingeständnis mache doch eher sympathisch und wäre ehrlich, ist es im Wettbewerbsdenken schon kleiner Jungen ein Minuspunkt. Und schon kleine Jungen sind instinktiv bestrebt, möglichst viele Pluspunkte in der Außenwelt zu sammeln und möglichst keine Minuspunkte, wozu ein Gesichtsverlust aus ihrem Gefühl heraus gehört.

Viele Männer haben sogar in ihrer Entwicklung gar kein

Fehlerbewusstsein ausgebildet und machen, wenn etwas schiefläuft, sofort andere oder die äußeren Umstände dafür verantwortlich. Ich habe sogar schon erlebt, dass mir Männer klarmachen wollten, dass der Mondstand oder ein Kometendurchzug am Himmel an all ihren Fehlern schuld sei. Oder auch gerne ich selbst, weil ich den Fehler als Fehler entdeckt hätte. Wenn ich ihn einfach übersehen hätte, so wie sie, dann wäre auch gar kein Fehler da. Das ist eine praktische Herangehens- und Sichtweise für den Fehlermachenden. Aber gerade, wenn ein Handwerker die Fenster nicht richtig einsetzt, ist es doch schwer für die Auftraggeberin, den Fehler bei sich zu suchen, wenn es sie stört, dass es permanent zieht und die Straßengeräusche nicht in der Lautstärke gedämmt sind ...

Im Jungenspiel wie im männlichen Business-Alltag ist Gesichtsverlust auch ein großes Thema in der Hierarchie.

Aber auch im privaten Bereich haben Männer große Angst vor Gesichtsverlust, und Frauen oft kein Gespür für diese instinktive Urangst der Männer.

Beispiel: Ein Mann kommt verspätet zu einem Grillabend mit Freunden, auf dem sich seine Frau pünktlich vor ihm eingefunden hat, und sie begrüßt ihn vor allen Ohren und Augen mit den Worten: „Ist ja klar, dass du wieder zu spät kommst. Du bekommst echt nichts auf die Reihe. Hast wahrscheinlich auch das Fleisch wieder vergessen, das ich dir aufgetragen hatte, mitzubringen."

Dann fügt sie in dem Moment ihrem Mann einen Gesichtsverlust vor seinen Freunden bei. Diese leiden wahrscheinlich solidarisch mit ihm, weil er eine Frau hat, die ihn öffentlich so bloßstellt, also in diesem Fall als Versager darstellt.

Die anderen Frauen haben das meistens gar nicht so empfunden. Im Gegenteil, in den meisten solcher Fälle legen die anderen Grillteilnehmerinnen jetzt auch noch mit ihren Geschichten zum Thema „männliches Versagen" los.

So sagt dann zum Beispiel eine andere: „Das ist ja noch gar nichts! Mein Mann kommt nicht nur oft zu spät, der vergisst oft einfach, dass er überhaupt kommen sollte! Und Grillfleisch mitzubringen würde ich ihm eh nicht auftragen, dann hätten wir nie etwas zu essen."

Der nächste Mann hat einen öffentlichen Gesichtsverlust erlitten – die anwesenden Männer fangen jetzt alle an, sich unwohl zu fühlen und versuchen mit Späßen und Themawechseln zu verhindern, dass eine dritte Frau ihren Mann vor allen das Gesicht verlieren lässt. Nur funktioniert das meist nicht. Gerade, wenn die anwesenden Paare alle schon länger liiert sind, denken jetzt die Frauen, endlich mal öffentlich alles sagen zu können, was sie schon so lange heruntergeschluckt haben, um die Harmonie in der Zweiergruppe Mann/Frau zu wahren.

Die Jammer-Solidarität der anderen Frauen spornt sie an und es tut ihnen gut, ihrem Ärger öffentlich Luft zu machen und sie fühlen sich im Rücken gestärkt von den anderen Frauen, die genauso unter dem „männlichen Versagen" leiden wie sie.

Nur, was sie ihren Männern und damit indirekt auch sich selbst gerade antun, ist ihnen dabei nicht bewusst. Indirekt auch sich selbst, weil ein Mann, dem seine Frau einen öffentlichen Gesichtsverlust zufügt, darauf auch reagieren wird. Im geringsten Fall mit Verstimmung und Gereiztheit, im mittleren Fall mit Streit und Resignation (jetzt bemüht er sich nicht mal mehr, es seiner Frau recht zu machen, weil „es ja eh keinen Sinn hat"), im schlimmsten Fall geht er fremd, um von einer anderen Frau sein Gesicht wiederherstellen zu lassen, sprich, sich Lob und Anerkennung abzuholen.

Genauso schwierig ist das Thema Gesichtsverlust für Männer auch im Business-Leben.

Beispiel: Herr Müller kommt verspätet in ein Meeting, in dem sich sechs Männer und zwei Frauen befinden. Frau Meier begrüßt ihn vor allen mit den Worten: „Herr Müller, war ja klar, dass Sie wieder zu spät kommen! Hab ich gar nicht anders erwartet. Zu unseren Abteilungsmeetings kommen Sie ja auch immer zu spät und die Projekte, die Sie mir zuarbeiten, sind auch immer viel zu spät fertig und bei mir auf dem Schreibtisch."

Das stimmt vielleicht so auch und wahrscheinlich wissen das auch die sechs anderen Männer im Meeting. Nur, dass sie bei so einer Ansage solidarisch mit dem Angesprochenen und seinem Gesichtsverlust leiden. Vielleicht versucht einer auch, die Situation herunterzuspielen mit einem Scherz oder einem „Aber Frau Meier, so schlimm ist es nun auch wieder nicht mit Herrn Müller". Auf jeden Fall werden von nun an alle Männer im Raum Frau Meier als potentielle Zeitbombe wahrnehmen – und nicht das Versagen von Herrn Müller. Die instinktive Angst, dass Frau Meier beim nächsten Meeting einen der anderen sechs Männer, am Ende sogar sie selbst so bloßstellt, ist zu groß. Das werden sie versuchen zu verhindern. Entweder durch falsche Solidarität mit Herrn Müller oder durch Verschweigen der Meetings an Frau Meier oder mit anderen Mitteln.

Frau Meier hat sich durch den öffentlichen Gesichtsverlust nun sechs Feinde gemacht oder zumindest keine Freunde und Verbündete. Die weitere Frau im Raum wird das wahrscheinlich nicht so sehen. In ihren Augen hat Frau Meier recht und dann kann man das auch ruhig mal sagen, aber sie wird aus ihrem Harmoniebedürfnis in der Gruppe heraus auch nicht Frau Meier den Rücken stärken, sondern schweigen. Denn sich auf Frau Meiers Seite zu schlagen, würde die Gruppe in zwei Lager teilen, und das möchte die andere Frau natürlich nicht. Die anderen Männer werden das Schweigen der Frau natürlich nicht als die Gruppen-Harmoniesucht sehen, aus der es resultiert, sondern entweder als mangelnde Solidarität unter Frauen einstufen oder als stilles Zugeständnis ihres gemeinsamen Bollwerks gegen jedweden Gesichtsverlust einstufen, und sei er noch so berechtigt zugefügt worden.

Vielleicht sagt sogar einer der anderen Herren, Herr Huber, beim Verlassen des Meetings zu Frau Meier: „Sie haben ja recht mit Herrn Müller, bei mir kommen seine Projekte auch immer zu spät an" – aber Herr Huber wird versuchen, seine solidarischen Worte Frau Meier so zu sagen, dass es anderen nicht so auffällt, damit auch er wiederum nicht vor der Gruppe das Gesicht verliert.

Das ist das Problem im Business-Leben, dass die Männer durch ihre Jungengruppenspiele intuitiv genau wissen, was ein Gesichtsverlust ist und wann man den jemanden erleiden lassen kann und wann nicht. Sie haben ein erlerntes Gespür für Hauspolitik und für empfindliche Informationen.

Die Frauen, die als Mädchen in der Zweiergruppe gespielt haben, kennen das Problem Gesichtsverlust nicht und tappen von einem Fettnäpfchen ins andere – privat wie beruflich. Sie sind es gewohnt, auf Augenhöhe zu sprechen und alles zur Sprache zu bringen – gerade in einer größeren Gruppe wähnen sie sich immer noch in einer Zweiergruppe mit eben ein bisschen Publikum drumherum. Die anderen nehmen sie bestenfalls als Claqueure wahr, die ihnen beipflichten sollen.

Andersherum wähnen sich die Männer, die gerade ein Vier-Augen-Gespräch auf der Straße führen, in einem öffentlichen Raum, in einer Art größeren Gruppe. Und wenn sie sehen, dass 200 Meter weiter außer Hörweite eine Person vorbeigeht, sprechen sie auf einmal lauter, modulierter und gewichtiger. Auch ihre Körpersprache wird deutlicher und expliziter, als wollten sie die Person in 200 Meter Entfernung, einen Passanten, den sie gar nicht kennen, auch noch mit beeindrucken. (Den gleichen Effekt beobachte ich auch immer wieder bei telefonierenden Herren im Zug. Anstelle sich in eine stille Ecke zum Telefonieren zurückzuziehen, hat man das Gefühl, sie möchten das ganze Zug-Großraumabteil von ihrer Wichtigkeit überzeugen und am Gespräch teilhaben lassen.)

Liebesverlust und Gesichtsverlust sind nicht das Gleiche, werden aber von Männern und Frauen gleich stark empfunden, weil sie sich beide aus der gleichen instinktiven Urangst vor dem Ausstoß aus der Gruppe entwickeln.

Wenn man als Mann nicht versteht, warum Frauen immer unbedingt von allen gemocht werden wollen, und wenn man als Frau nicht versteht, warum Männer keine Fehler zugeben können, dann hilft es, an seine eigene Urangst zu denken und zu wissen, der andere hat aus dem gleichen Urinstinkt heraus Angst, nur anders ausgeprägt, weil er als Kind in einer anderen Gruppenstärke gespielt hat.

Diese beiden völlig unterschiedlichen Ängste von Männern und Frauen sorgen für die meisten Missverständnisse bei Konflikten:

Männern geht es oft im Kern nur um die Lösung des konkreten Streits, Frauen sehen sofort ihre gesamte Zweierbeziehung in Frage gestellt. Ein Mann, der streitet, ist aus der Sicht der Frau schon ein Verräter. Eine Frau, die streitet, ist für den Mann meist schlicht unbequem. Für Frauen geht es gefühlt ja auch um mehr als für Männer. Jeder Streit könnte ja das Ende der Beziehung bedeuten. Soweit denken Männer gar nicht. Wir wissen jetzt auch warum.

Genauso und noch schlimmer ist es in Business-Situationen, wenn Frauen alles tun, um gemocht zu werden und – in ihrem Bewusstsein – nicht ihre Arbeit zu verlieren. Frauen machen aus Angst vor Liebesverlust (im Business-Leben: Angst vor Respektverlust, Wertschätzungsverlust) mehr Überstunden, verlangen seltener eine Gehaltserhöhung, verrichten niedere Arbeiten, für die sie überqualifiziert sind wie z.B. als Ingenieurin Adressen abzutippen, schreiben das Protokoll in Meetings oder verzichten auf Urlaub.

Die weibliche Urangst vor Liebesverlust wird noch verstärkt durch das frühe gefühlte Erfahren von Verrat.

Fast jede erwachsene Frau hat in ihrem Leben als kleines Mädchen bereits tiefen Verrat an ihrer Person empfunden.[*] Dabei ist gar nicht relevant, ob dieser tatsächlich stattgefunden hat.

In ihrer intimen Zweierbeziehung mit der besten Freundin tauschen kleine Mädchen auch Geheimnisse aus. Auch als dreijähriges Kind kann man schon wichtige Geheimnisse haben. Vielleicht hat das kleine Mädchen etwas angestellt, was die Eltern verboten haben oder es hat eine kleine

---

[*] Betonung auf „empfunden", nicht unbedingt wirklich „erfahren".

Schatzkiste versteckt. Diese geheimen Gedanken und Dinge teilt das Mädchen nur mit ihrer besten Freundin.

Ein Beispiel

Marie hat Luise erzählt, dass sie die Pfirsichblüten-Barbie ihrer großen Schwester unter ihrem Bett versteckt hat und heimlich nachts damit spielt. Nun kommt ein Tag, wo Marie sieht, wie ihre beste Freundin Luise mit Charlotte tuschelt oder lacht und irgendwie komisch zu Marie herüberschaut. Dieser Anblick reicht schon, dass Marie sich verraten fühlt.

„Wenn die da drüben kichern, dann bestimmt über mich!", vermutet Marie – und rennt weg und denkt sich: „Ich will nie wieder mit Luise spielen. Die ist so gemein! Und ich erzähle niemandem mehr meine Geheimnisse." Vielleicht vertragen sich Marie und Luise auch wieder. Vielleicht auch nicht. Wenn sie sich vertragen, gibt es zwei wahrscheinliche Möglichkeiten der Konfliktlösung.

Entweder tut Marie so, als wäre nichts passiert, bleibt aber innerlich auf der Hut und erzählt erst einmal keine Geheimnisse mehr und es fällt ihr schwer, zu anderen wieder so ein tiefes Vertrauen aufzubauen.

Oder Marie konfrontiert Luise mit ihrer Beobachtung, und Luise muss, um die Freundin nicht zu verlieren, in stundenlangen Gesprächen immer wieder beteuern, dass sie gar nichts ausgeplaudert hat – um so das Vertrauen mit Marie wiederherzustellen. Das Vertrauensverhältnis bleibt eine Weile angeschlagen, dann ist es wieder wie früher.

Oft ist es sogar wirklich so, dass der Vertrauensbruch stattgefunden hat. Kleine Mädchen wechseln öfter mal die beste Freundin, oft einfach so.

Mit diesem Gefühl des Verrats im Bauch wird die lebenslange Angst der Mädchen/Frauen vor Liebesverlust zu einer sehr existenziellen Angst verstärkt und es folgt eine ständige Unsicherheit und ein großes Misstrauen gegenüber anderen, zumindest im Unterbewusstsein.

Viele Frauen scheinen daher in zwischenmenschlichen Beziehungen nach außen hin sehr vertraulich, sind aber innerlich ständig auf der Hut.

Meine persönliche Erfahrung ist, dass die meisten Frauen zwischenmenschliche Beziehungen und berufliche Erfahrungen mit einem Misstrauensvorschuss angehen.

Wenn eine Frau eine neue Arbeit oder einen neuen Freund hat, höre ich in 90 Prozent der Fälle: „Erst einmal abwarten, ob das alles auch gut wird."

Bei Männern höre ich diese Zögerlichkeit selten. Männer gehen Beziehungen und berufliche Erfahrungen eher mit einem Vertrauensvorschuss an und trauen sich auch selbst mehr zu, weil sie in ihrer Jungengruppe im Spiel keine Erfahrung mit dem Thema „Verrat meiner intimsten Geheimnisse" haben. Entweder sie tauschen derartige Geheimnisse gar nicht erst aus, weil sie instinktiv spüren, dass diese in einer größeren Gruppe nicht sicher genug sind oder sie haben alle zusammen ein Geheimnis, das sie verschworen hüten und aus Ehrengründen nicht ausplaudern werden. Auch im Alter von drei Jahren nicht.

Die Ängstlichkeit scheint mir eine sehr weibliche Eigenschaft. Natürlich gibt es auch viele ängstlich geprägte Männer. Die haben dann eine weibliche Eigenschaft mehr als Kommunikationsmischtyp.

Denn sich bereits im Voraus, währenddessen und im Nachhinein ständig einen Kopf zu machen, was alles passieren könnte, das ist doch eher typisch weiblich.

Serien wie *Sex and the City* oder *Desperate Housewives* zeigen uns das typische weibliche Ängstlichsein. Frauen nehmen Dinge selten hin, sie denken darüber nach. Und meistens machen sie sich Sorgen ins Negative.

Das Glas ist bei Frauen meistens eher halbleer und bei Männern halbvoll, bei gleichem Wasserstand, nach meiner Erfahrung. Das kann mit dieser frühen Erfahrung von Verrat zu tun haben im Zweierspiel, auch wenn sich die wenigsten Frauen noch bewusst daran erinnern können.

Ein Beispiel

Wenn der neue Liebespartner mal einen Tag nicht anruft, dann glauben Frauen eher, es ist etwas passiert oder er geht fremd oder er liebt sie nicht mehr. Was immer den nicht angerufenen Frauen als möglicher Grund einfällt, es ist etwas Negatives. Dass der neue Freund gerade viel um die Ohren hat und einfach mal einen Tag nicht dauernd an seine neue Freundin gedacht hat und trotzdem in sie verliebt ist oder einfach keine Zeit hatte, sie anzurufen, das scheint den wenigsten Frauen eine wahrscheinliche Möglichkeit zu sein. Obwohl es in 99 Prozent der Fälle der Hauptgrund war.

Frauen fühlen immer nach und überlegen, was die schlimmste Konsequenz sein könnte.

Vielleicht hängt diese Ängstlichkeit auch nicht nur mit der Urangst vor Liebesverlust zusammen, vielleicht ist die Ängstlichkeit auch evolutionstechnisch bedingt, dass Frauen, die irgendwann einmal kleine Kinder haben, alle Katastrophen im Voraus ahnen müssen, um sie abzuwenden.

Meine Erfahrung ist, dass es sich Frauen in ihrem Leben nicht einfacher machen, wenn sie ständig Angstgefühle entwickeln und immer auf der Hut sind.

Ein weiterer Grund für die verstärkte weibliche Ängstlichkeit kann sein, dass die meisten Mädchen von Frauen zu Frauen erzogen werden. Die Mütter erziehen ihren Töchtern ihre Ängstlichkeit an. An kleinen Jungen prallt diese Ängstlichkeit eher ab, weil sie nicht zu ihrer Spielerfahrung passt. Kleine Mädchen imitieren ihre Mama oft unbewusst und erleben ja auch selbst oft den gefühlten Verrat in ihrer Zweiergruppenspielerfahrung. Und da die Mama ja auch unterbewusst mit ihrer Urangst vor Liebesverlust und Verrat noch aus ihrer eigenen Kindheit mit Zweiergruppenspiel kämpft, lernen kleine Mädchen, dass diese Gefühle und Ängste normal sind und beibehalten werden können. Manche Mütter schüren diese Ängste sogar noch, weil sie unbewusst eifersüchtig auf ihre kleinen Töchter sind oder diese aus Erziehungsgründen ständig mit ihrer eigenen Ängstlichkeit konfrontieren.

Wenige von uns, Männer wie Frauen, lernen auch im Elternhaus eine gesunde Streitkultur. Die meisten übernehmen von ihren Eltern deren Streit-Taktiken.

Die Mädchen die der Mütter und die Jungen die der Väter – in den meisten Fällen und meistens unbewusst.

Das Kommunikationsverhalten der Kinder hat auch biologisch genetische Ursprünge.

Ein Test mit Vierjährigen am Emmanuel College in Boston hat gezeigt, dass Mädchen nicht weniger aggressiv als Jungen sind, nur wesentlich subtiler. Die Vorschulkinder sollten zu dritt in Mädchen- und Jungengruppen um Kuscheltiere streiten. Während Jungs auf direkte Aggression setzten, also einem anderen das Stofftier einfach wegnahmen, verlegten sich Mädchen auf die diskretere Taktik der sozialen Ausgrenzung. Die zwei ohne Kuscheltier flüsterten hinter dem Rücken der anderen oder versteckten sich sogar vor ihr*. Auch hier findet wieder unter den Mädchen durch die verdeckte Taktik eine größere Verunsicherung untereinander statt als bei den Jungen.

Der ganze spätere berufliche Zickenkrieg findet auch bereits im Sandkasten statt. Schauen Sie einfach mal länger auf einem normal besuchten Spielplatz länger den Mädchen zu. Nach vorne harmonisch und unschuldig, und hinter der Hand wird heftig getuschelt.

Frühkindliche Kommunikationserfahrungen vor allem mit den Urängsten vor Liebes- und Gesichtsverlust bestimmen unser berufliches und privates Verhalten viel mehr, als wir glauben möchten.

Wie kann ich das in Zukunft besser machen?

Es ist egal, wie oft Sie bisher den Männern und Frauen in Ihrer Umgebung beruflich oder privat Liebes- oder Gesichtsverlust beigefügt haben.

Sie wussten es ja nicht besser als das, was Sie als Kinder im Spiel trainiert haben.

---

* Vanity Fair, 28/08, S. 15

Als Männerversteherin und Frauenflüsterer fangen Sie einfach heute noch mal bei null an: Sie wissen jetzt, woher die verschiedenen Urängste von Männern und Frauen rühren und was diese für Auswirkungen im Denken und Kommunizieren haben.

Verzeihen Sie Ihren Eltern und den Männern und Frauen, die Sie verletzt haben und fangen Sie Ihr eigenes Kommunikationsverhalten und -wahrnehmen noch einmal von vorne an. Auch und gerade mit Menschen, die Sie schon lange kennen. Dass sich das lohnt, kann ich aus eigener Erfahrung und der meiner Seminar- und Coaching-Teilnehmer bestätigen.

Um etwas Stabiles in unserem Denken zu spüren, neigen wir alle, Männer und Frauen, dazu, das für gut oder falsch zu halten und zur Norm zu erheben, was wir persönlich denken. Das führt zu vielen Missverständnissen, ohne dass wir uns dessen bewusst sind. Als angehende Männerversteherinnen und Frauenflüsterer sind Sie sich also bewusst, dass im Umgang mit Männern (und übrigens auch mit Frauen) nichts, aber auch gar nichts von vornherein für normal gehalten werden darf.

Schritt 2: Loben oder Wie Frauen und Männer unterschiedlich „Ich liebe Dich" sagen

„Männer muss man loben, dann bleiben sie stark, dann bleiben sie oben."
— *Barbara Schöneberger*

„Lob wirkt Wunder gegen die Schwerhörigkeit."
— *A. Glasgow*

„Ein Mann fühlt sich erst dann von einer Frau verstanden, wenn sie ihn bewundert."
— *Kim Novak*

Im Folgenden werde ich von der Formulierung „Ich liebe Dich" schreiben und bitte all dies für sich im Business-Leben umzuformulieren in: „Ich schätze Sie wert", „Ich halte viel von Ihnen", „Ich respektiere Sie", „Ich halte Sie für kompetent", „Ich mag Sie", etc.
„Ich liebe Dich" geht einfach schneller und ist griffiger zum Darstellen der Problematik.
Es gibt Unterschiede im weiblichen und im männlichen „Ich liebe Dich".
Frauen sagen „Ich liebe Dich" und die adäquate Antwort darauf ist ein gesagtes „Ich Dich auch". Damit ist alles Wichtige gesagt und getan. Schon als kleine Mädchen beteuern sie sich gegenseitig im Zweierspiel: „Du bist meine beste Freundin", „Ich mag nur noch mit Dir spielen", etc.
Männer sagen auch „Ich liebe Dich", vor allem in der Balzphase am Anfang einer Liebesbeziehung. Das haben sie so gelernt, dass man das in Liebesbeziehungen so macht und das macht ja auch Spaß. Je länger die Beziehung andauert, desto weniger kommt dieser Satz über die männlichen Lippen. Das liegt nicht, wie fälschlicherweise von vielen Frauen angenommen, an der abnehmenden Liebe der Männer. Das liegt an den Jungengruppenspielen. Wenn sich alle Jungen am Anfang des Tages einzeln ihre Wertschätzung

sagen würden, wäre das doch sehr aufwendig und komisch. Man mag sich, man spielt zusammen, und es gibt eine stillschweigende Übereinkunft, dass man zusammengehört. Das muss nicht dauernd auch noch verbalisiert werden. Anders bei der Zweiergruppenbeziehung der Mädchen, wo ständiges verbales Sympathieversichern als beziehungsstärkend und -erhaltend empfunden wird.

Je länger eine Beziehung dauert, desto mehr verfallen Männer in ihre gewohnten Kommunikationsschienen und das heißt, sie sagen dann eben auf männlich „Ich liebe Dich".

Das männliche „Ich liebe Dich" wird nicht ausgesprochen, es wird ausgeführt.

Das männliche „Ich liebe dich" ist eine Tat!

Ein Mann, der etwas für jemand anderen tut, drückt damit seine Sympathie und Wertschätzung aus.

Ob er jetzt den Müll herunterträgt, die Waschmaschine repariert oder die Miete zahlt, er sagt damit „Ich liebe Dich".

Ob er einem im Business Informationen gibt, die Arbeit mit seinen hilfreichen Notizen erleichtert oder einem einen Kaffee mitbringt, er sagt damit „Ich schätze Sie als Kollegen/Kollegin", „Ich respektiere Sie auf Augenhöhe" oder „Ich mag Sie".

Viele Frauen in meinen Seminaren sagen mir: „Aber das ist ja wohl selbstverständlich, dass er den Müll mal runterbringt bzw. mir mit Informationen im Business aushilft." Aus Frauensicht mag das so sein. Aus Männersicht ist nichts selbstverständlich. Und daher ist jede männliche gute Tat eine Wertschätzung.

Andersherum tun die Frauen sich sogar mit ihren Selbstverständlichkeiten gerade im Business-Kontext auch keine großen Gefallen.*

Nehmen wir ein Beispiel aus dem privaten Kontext, um das männliche „Ich liebe Dich" besser zu erklären:

Ihr Mann trägt also den Müll hinunter und hat das Gefühl, er tut in diesem Moment etwas für seine Beziehung und

---

* Mehr Informationen hierzu im Selbstmarketing-Kapitel.

zeigt seiner Frau damit seinen Respekt und seine Liebe, indem er etwas für sie tut.

Es ist für die Situation völlig irrelevant, ob seine Frau in diesem Moment denkt: „Aber das ist doch seine Aufgabe, den Müll hinunterzubringen. Außerdem stammt die Hälfte in der Mülltüte von ihm und darüber hinaus mache ich andauernd etwas im Haushalt, da kann er doch auch mal den Müll hinunterbringen!"

Frauen rate ich in solchen Situationen: Lassen Sie diese ganzen negativen Gedanken mal außen vor und sehen Sie nur: Mein Mann tut etwas für mich, er zeigt mir dadurch seine Liebe.

Wenn er wieder von der Mülltonne zurückkehrt, würde er es nicht verstehen, wenn Sie dann zu ihm sagen: „Ich liebe Dich auch."

Aber er wird es verstehen, wenn Sie ihn loben.

Das Lob ist das männliche „Ich liebe dich auch".

Männer wollen gelobt werden, weil das ihre Form der gegenseitigen Wertschätzung ist. Das kennen sie aus dem Jungengruppenspiel.

Viele Männer fordern das sogar halb im Spaß, halb im Ernst: „Schau mal, hab ich das nicht toll gemacht? Lob mich doch mal!"

Genauso ist es im Business-Leben:

Männer loben sich selbst und sich gegenseitig. Das ist ihr Ausdruck von Respekt.

In meiner Seminar-Tätigkeit halte ich auch viele Transfer-Coachings. Das sieht so aus, dass ich erst zwei Tage ein Inhouse-Seminar für zwölf Teilnehmer aus einer Firma gebe und dann drei Tage Einzelcoachings, wo sich diese Teilnehmer aussuchen können, was sie gerne in ihrer Kommunikation beobachtet und verbessert haben möchten. Die meisten nehmen mich mit in Meetings, um zu erfahren, wie sie sich da besser kommunikativ behaupten können. Ich habe also schon sehr viele Meetings in sehr verschiedenen Branchen erlebt und ich kann versichern, auch nach meiner Erfahrung, ca. 80 Prozent aller Meetings enden ohne Ergebnisse oder nur mit Teilergebnissen. Die meisten an den Meetings beteiligten Frauen ärgern sich darüber, einige Männer auch, aber bei vielen Männern habe ich beobachtet, dass sie sich gegenseitig auch nach einem ergebnislosen Meeting auf die Schulter klopfen und sich dafür loben, dass sie immerhin zusammengefunden haben. Sie bedanken sich für die Zeit, die sich der andere genommen hat und versichern sich, dass sie immerhin die Sache schon mal angesprochen oder angestoßen haben oder dass sie kurz vor der Lösung stehen.

Dieses gegenseitige Loben für kein Ergebnis ist Frauen fremd, weil sie in ihrer Zweierspielgruppe gewohnt waren, dass die lästige Tagesordnung schnell abgearbeitet wird (zum Beispiel Zimmer aufräumen oder Hausaufgaben bei kleinen Kindern), um dann mehr Zeit zum Spielen zu haben, sprich in der Business-Welt zum Arbeiten. Männer loben sich gegenseitig in weiblichen Augen für nichts und wieder nichts, einfach weil sie in ihrer Jungenspielgruppe gelernt haben, wenn es mal nicht so läuft, hilft im Voraus loben oder Selbstsuggestion als gute Motivationshilfe.

Auch hier gibt es viele Missverständnisse.

Wichtig in dem Zusammenhang mit dem männlichen und dem weiblichen Loben ist es auch, folgende Regel im Kopf zu haben:

Frauen wollen für das gelobt werden, was sie sind.

Männer wollen für das gelobt werden, was sie tun.

Übersetzt im täglichen Berufsleben heißt das Folgendes:

Wenn Sie die Arbeit einer Frau loben wollen, müssen Sie Ihre gesamte Arbeit ansprechen:

„Frau Müller, was würden wir nur ohne Sie tun? Ihre Mitarbeit ist sehr wertvoll und wichtig für unsere Abteilung."

Wenn Sie die Arbeit eines Mannes loben wollen, müssen Sie ins Detail gehen:

„Herr Maier, dieses Anschreiben haben Sie wunderbar diplomatisch formuliert. Da ist alles gesagt und trotzdem erleidet der Kunde keinen Gesichtsverlust. Wunderbar!"

Wenn Sie andersherum die Arbeit einer Frau im Detail loben:

„Frau Müller, dieses Anschreiben ist Ihnen wirklich gelungen. Ich habe selten so viel diplomatisches Geschick gelesen." – dann denkt die Frau bei sich:
„Ach, der Brief wird jetzt gelobt, aber den Rest der Arbeit über das ganze Jahr, den ich hier mit Überstunden erledige, der ist wohl Mist, oder was? Weiß der eigentlich, wie hart ich schufte und mich engagiere? Aber der blöde Brief, der wird jetzt gelobt, dabei ist es bei meiner Qualifikation ja wohl selbstverständlich, dass ich so etwas beherrsche!"
Und wenn Sie einen Mann für seine gesamte Arbeit loben:
„Herr Maier, Sie sind ein Gewinn für diese Firma!" – dann freut sich der Mann zwar, aber er wird nachfragen, entweder Sie direkt oder sich selbst stumm:
„Was gefällt an meiner Arbeit denn jetzt besonders? Mein letzter Projektabschluss oder meine diplomatische Art generell oder meine letzte Zusatzqualifikation?"
Männer können mit allgemeinem Lob oft recht wenig anfangen, das ist ihnen zu schwammig. Männer hören auch bei Liebesbezeugungen gerne einen Grund mit dazu, z.B. „Ich liebe Dich, weil ich mich von Dir verstanden fühle" oder „Ich liebe Dich, weil Du so stark bist" oder „Ich liebe Dich, weil Du so gut kochen kannst" – was auch immer: Mit klarer Begründung loben und lieben, das kommt bei den meisten Männern besser an als generelle Schwammigkeit.
Anders bei den Frauen, die alles, was sie tun, zwar als selbstverständlich erachten, aber auch gerne mal ein generelles Lob hören möchten für ihr Sein und ihre Arbeit an und für sich. Wenn Sie bei einer Frau in einer Liebeserklärung eine Begründung dazu formulieren, wird sie meist unsicher.
Wenn ein Mann sagt: „Ich liebe Dich, weil Du so schöne Haare hast", hört sie heraus: „Aber mein Gesicht findet er hässlich." Oder er sagt: „Ich liebe Dich, weil Du mich so gut verstehst." Dann denkt sie: „Aber sexy findet er mich nicht, wahrscheinlich mag er meine Oberschenkel nicht." Egal, wie man es formuliert, Frauen mit ihrem eingefleischten unterbewussten Misstrauensvorschuss finden in Detailformulierungen immer ein Haar in der Suppe. Besser ein Mann

formuliert allgemein: „Ich liebe Dich genau so wie Du bist, bitte ändere Dich nie" – damit können Frauen etwas anfangen und freuen sich.

Im Business-Kontext ist es genauso. Frauen möchten im Ganzen wertgeschätzt werden, Männer für konkrete Taten.

Wenn Sie das berücksichtigen, werden Sie von allen richtig verstanden, egal ob Sie als Adressat ein Mann oder eine Frau sind.

Wie geht denn das richtige Loben?

In vielen Business-Situationen fällt das Loben des Gegenübers sehr schwer – egal, ob es sich um einen Mann oder eine Frau handelt.

Man hat vielleicht den Trottel der Gruppe* als Gegenüber erwischt oder jemanden, den man gar nicht leiden kann.

Es gibt sogar auch Menschen, da hat man das Gefühl, die können gar nichts, sitzen aber in der Hierarchie weit oben und verdienen viel mehr als man selbst. Und die soll man jetzt auch noch loben. (In manchen Momenten fragt man sich auch zu Hause beim Partner, warum man sich ihn eigentlich ausgesucht hat und was man an diesem Menschen eigentlich noch lobend erwähnen könnte.)

Seit Jahren empfehle ich zu diesem Zweck in meinen Seminaren und Coachings die „Kritzelbild-Methode".

Und die vielen unterschiedlichen positiven Feedbacks geben mir recht: es funktioniert!

Die Kritzelbild-Methode

Mein Neffe ist jetzt fast drei Jahre alt und seit einem Jahr malt er mit Leidenschaft. Er hat eigentlich nur ein Motiv: Rennautos. Und die sehen fast alle gleich aus. Nur die Farbe und manchmal auch die Form variieren. Ein Prototyp der gemalten Rennautos meines Neffen:

---

*   s. Kapitel 1

Genau, er ist erst knapp drei Jahre alt und malt dem-
entsprechend Kritzelbilder.

Er ist auch nicht beleidigt, wenn man ihn fragt, was denn
das schöne Bild darstellen soll, das er gerade gemalt hat,
und erklärt dann freudestrahlend: „Rennauto".

Noch mehr freut er sich, wenn er es mir schenkt und ich es
ausgiebig lobe und mit einem Magneten an unseren Kühlschrank hänge. Er hat auch nichts dagegen, wenn ich ein
früheres Werk von ihm (ein anderes Kritzelbild-Rennauto)
abhänge und mit dem neuen Bild ersetze. Es erfüllt ihn
aber immer mit Stolz, wenn er an unserem Kühlschrank
vorbeigeht und sieht, dass da sein Kritzelbild-Rennauto
geehrt wird.

So geht Loben und Wertschätzung.

Vielleicht können Sie nicht immer bei jedem erkennen, was
Lob verdient und es fällt Ihnen schwer, etwas beim Gegenüber zu finden, das Wertschätzung verdient.

Stellen Sie sich diese Person als ein kleines Kind vor, das

Ihnen ein Kritzelbild präsentiert. Sie können nicht erkennen, was lobenswert ist, aber das Kind hat sich nach seinem Vermögen angestrengt. Erkennen Sie in dem Menschen sein Bemühen an oder einfach nur sein „Sein". Loben Sie dieses. Jeder hört gerne ein „Schön, dass es Sie gibt".

Gerade, wenn die Antipathie auf beiden Seiten bereits bekannt ist, können Sie das Eis brechen und Ihr Gegenüber entwaffnen, wenn Sie plötzlich etwas Positives sagen.

Man könnte zum Beispiel auch sagen: „Gerade Ihre Kritik, Ihr Widerspruch inspiriert mich immer wieder dazu, neue Impulse zu entwickeln." Damit ist nichts gesagt und doch etwas glaubhaft gelobt worden. Die neuen Impulse können ja auch bedeuten, „wie komme ich schnell hier heraus und lächele trotzdem, Plan 23a", das muss Ihr Gegenüber ja nicht wissen.

Hängen Sie das Kritzelbild Ihres Gegenübers an den Kühlschrank in Ihrem Kopf. Das kleine Kind in seinem Inneren wird strahlen!

Wenn jemand besonders hartnäckig an Ihren Nerven zerrt, dann ärgern Sie sich nicht – bedauern Sie ihn innerlich, stellen Sie sich vor, wie enttäuscht das kleine Kind, das er einmal war, früher war, weil seine Mama seine Kritzelbilder nicht genug gewürdigt hat.

Dank des Feedbacks meiner Seminarteilnehmer weiß ich, dass die Kritzelbild-Methode sehr hilfreich in verfahrenen Situationen wirkt. Sobald aus dem Herzen gelobt wird, entspannt sich die Gesprächsatmosphäre auch bei hartnäckigen Antipathien und zumindest eine Kommunikation wird möglich. Man muss nicht jeden mögen, aber wenn man die Gabe besitzt, mit fast allen kommunizieren zu können, ist das ein Grundstein für Business-Erfolge.

Das Wichtige ist nicht, dass Sie wirklich etwas Lobenswertes an Ihrem Gegenüber gefunden haben, sondern dass Sie ehrlich von Herzen etwas an Ihrem Gegenüber loben – und sei es mit Hilfe der Kritzelbild-Metapher. Wichtig ist: ohne Zynismus, Sarkasmus, Ironie oder Groll in der Stimme loben. Und Sie müssen sich auch so fühlen, als ob das, was Sie gerade sagen, die Wahrheit ist. Loben Sie einfach nichtssagend und denken Sie an etwas Schönes – vielleicht wirklich an ein kleines Kind mit einem Strahlen im Gesicht und einem selbstgemalten Kritzelbild in der Hand.

Mögliche Lob-Sätze mit der Kritzelbild-Methode

- Ohne Ihre Hilfe könnten wir hier nicht vorankommen.
- Ihr Rat ist immer interessant.
- Gerade, weil wir oft getrennter Meinung sind, ist mir das Gespräch mit Ihnen wichtig.
- Sie geben oft wichtige Impulse.
- Vielen Dank für das Gespräch.
- Vielen Dank für Ihre Zeit/dass Sie sich Zeit genommen haben.
- Vielen Dank für Ihre Anwesenheit.
- Vielen Dank für die Information.
- Vielen Dank, dass Sie Kaffee gemacht haben.
- Ihre Unterlagen sind für mich sehr hilfreich.
- Ihr Kleidungsstil passt gut zu unserer Firma.
- Ihr Schreibtisch strahlt immer so eine Struktur aus.
- Sie hören immer genau zu, das schätze ich sehr.
- Sie denken auch an kleine Details, das kann sehr hilfreich sein.

Schritt 3: Lösungsvorschläge

Eng mit den verschiedenen Kinderspielgruppen und den unterschiedlichen „Ich liebe Dich" hängt auch die Problematik mit dem unterschiedlichen Empfinden von Lösungsvorschlägen im Gespräch zwischen Männern und Frauen zusammen.

In vielen Zeitschriften und Zeitungen liest man immer wieder, dass Frauen sich von Männern unverstanden fühlen, wenn diese auf vorgetragene Probleme sofort mit einem „ungaren" Lösungsvorschlag reagieren. Frauen meinen dann, die Männer hätten das Problem doch noch gar nicht verstanden oder würden das Problem nicht ernst genug nehmen oder würden den Ratschlag nur geben, damit sie schnell wieder etwas anderes tun können oder würden nur angeben wollen, wie toll sie Probleme lösen könnten.

Dabei wollen Männer mit ihren schnellen Lösungsvorschlägen nur helfen. Auch ein Lösungsvorschlag ist eine Tat, ein männliches „Ich liebe Dich". Wenn kein Lösungsvorschlag kommt, hat der Mann entweder nicht hingehört oder ihm ist das Problem egal oder noch schlimmer: Die Person, die das Problem hat, ist ihm egal.

Also freuen Sie sich, wenn ein Mann Ihnen einen Lösungsvorschlag macht! Er zeigt damit, dass er Sie mag und Sie ernst nimmt!

Was die meisten Männer nicht wissen, weil sie es in ihrem Jungengruppenspiel nicht trainiert haben, ist der weibliche Dreisatz für einen Lösungsvorschlag.

Mit diesem weiblichen Dreisatz habe ich schon sehr vielen Männern helfen können. Nach meinen Seminaren, Vorträgen und Coachings ist der weibliche Dreisatz das am meisten genannte und gelobte rhetorische Werkzeug im Feedback.

Der weibliche bzw. der Lösungsvorschlagdreisatz
Wenn eine Frau jammert und sich über ein Problem beklagt, *nicht* sofort einen Lösungsvorschlag anbringen.

1. Mitjammern!
2. Trösten! und dann erst
3. Den Lösungsvorschlag anbringen

Das ist meistens der erste Moment in meinen Seminaren, in dem die männlichen Teilnehmer sofort ganz genau und wörtlich mitschreiben wollen.

Ihnen war bis dahin gar nicht bewusst, dass Frauen untereinander erst einmal gemeinsam über ein Problem jammern und sich trösten und so Nähe schaffen, bevor dann zur Problemlösung übergegangen wird.

Eine Frau hat als kleines Mädchen in der Zweierspielgruppe das empathische Zuhören gelernt und trainiert. Wenn bei einem Problem nicht erst einmal zusammen gejammert und getröstet wird, hat sie nicht das Gefühl, dass ihr Gegenüber empathisch ist. Sie fühlt sich ohne Mitgejammer und Getröste ihres Gegenübers nicht ernst genommen und verstanden.

Das gegenseitige Zuhören wird von Frauen als Zuwendung begriffen, was Männern gar nicht so klar ist, denn sie haben ja bereits zugehört, nämlich dem Problem.

Es ist also nicht männliche Gefühlskälte, dass Männer gleich mit einem Lösungsvorschlag auf weibliche Problemvorträge antworten.

In der Männersprache zollt ein Mann Ihnen sogar Respekt mit einem sofortigen Lösungsvorschlag, weil er Sie als Gegenüber eines Lösungsvorschlags für würdig erachtet.

In positiven Gesprächssituationen wirkt diese sachliche, lösungsorientierte Kommunikationsart von Männern als Stärke und Kompetenz. In negativen Situationen wirkt sie besonders auf Frauen kalt und abwehrend.

Das verletzt und beschwört wieder die Urangst vor Liebesverlust herauf.

Jetzt haben mich schon viele Männer gefragt: „Ja gut, aber wie lange muss ich denn jetzt mitjammern und trösten, bevor ich endlich meinen Lösungsvorschlag vorbringen darf?"

Es kommt nicht auf die Länge an! Es kommt darauf an, wann die Frau das Gefühl hat, da hat jemand ihr Problem verstanden, indem er im Mitjammern und Trösten Empathie gezeigt hat. Oft reichen ein paar Sätze.

Ein Beispiel
Frau Huber kommt ins Büro von Herrn Hager und klagt: „Ich weiß nicht, was ich noch machen soll, ich versuche seit drei Wochen, jemanden bei der Firma Kern zu erreichen, damit ich endlich das Angebot losschicken kann, aber weder auf meine Anrufe, noch auf meine Mails reagiert jemand, aber der Chef denkt, dass ich mich einfach nicht genug bemühe."

Reaktion ohne weiblichen Dreisatz
Herr Hager antwortet: „Das ist doch kein Problem, das ist mit der Firma Kern immer so, der Chef weiß das eigentlich auch, der will Sie nur motivieren. Dranbleiben, Frau Huber! Wenn es in drei Tagen immer noch nichts wird, dann kümmere ich mich persönlich darum."

Reaktion mit weiblichem Dreisatz
Herr Hager antwortet:
„(Jammerteil) Na, das ist ja eine schwierige Situation! Frau Huber, das kann ich verstehen, dass Sie das verzweifeln lässt. Unangenehm! Wie gemein, dass da in der Firma Kern immer keiner reagiert. Das finde ich auch furchtbar!
(Trostteil) Aber wissen Sie, Frau Huber, da sind Sie nicht die erste, die in diesem Dilemma steckt. Ich habe das auch schon erlebt mit der Firma Kern und unser Kollege Herr Martin auch. Und sogar unser Chef, Herr Klein, hat da schon ähnliche Erfahrungen mit der Firma Kern machen müssen. Vielleicht hat er das vergessen.
(Lösungsvorschlag) Wissen Sie was? Ich rede gleich mal mit unserem Chef und erinnere ihn, dass wir da schon immer Kommunikationsprobleme mit der Firma Kern hatten und dann schau ich mal in meinem Adressbuch, ob ich

nicht noch eine private Nummer oder Mail-Adresse eines Kern-Mitarbeiters habe. Wenn ich da etwas finde, dann versuche ich mal, jemanden zu erreichen. Ich melde mich in jedem Fall bei Ihnen, um Sie auf dem Laufenden zu halten. Und bleiben Sie auf jeden Fall weiter dran und lassen Sie sich nicht entmutigen, wir haben da noch immer jemanden irgendwann erreicht."

In der Reaktion ohne weiblichem Dreisatz fühlt sich Frau Huber abgekanzelt, kleingemacht und unverstanden. Sie geht unmotiviert und noch frustrierter als vor dem Gespräch zurück in ihr Büro.

In der Reaktion mit weiblichem Dreisatz fühlt sich Frau Huber verstanden, unterstützt und auf Augenhöhe mit ihrem Kollegen. Sie geht motiviert zurück in ihr Büro und nimmt sich vor, Herrn Hager demnächst auch mal zu helfen und ihrem Chef, Herrn Klein, zu verzeihen, dass er anscheinend vergessen hat, dass die Firma Kern schwer zu erreichen ist.

Der weibliche Dreisatz wirkt auch im Privatleben Wunder in der Kommunikation.

Es gibt natürlich auch noch den Fall, dass mir Teilnehmerinnen sagen, sie möchten bei einer Problemdarstellung eigentlich gar keinen Lösungsvorschlag hören. Sie brauchen einfach ab und zu ein Ohr, das ihnen zuhört und jemanden, der mit ihnen jammert und sie bedauert. Wenn sie genug Mitgefühl gespürt haben, geht es ihnen wieder besser und das Problem ist vergessen oder zumindest nicht mehr so schlimm.

Dieses Gefühl wiederum ist Männern, die in einer Jungengruppe gespielt haben, fremd. Sie sind es nicht gewohnt, einfach eine Weile miteinander zu jammern und dann ohne Lösungsvorschlag wieder auseinanderzugehen. Das kommt ihnen unsinnig und ineffizient vor. Deshalb sind aber auch so manche männliche Lösungsvorschläge für Frauenohren so unausgegoren und unfertig. Und die Männer sehen es spielerisch und denken „Hauptsache, etwas gesagt!"

Wenn man sich vor Augen führt, wie die Kindergruppenspiele abgelaufen sind, fällt es einem sehr einfach, auf die jeweilige gewünschte Problembehandlung seines Gegenübers einzugehen.

Der goldene Pokal

Wenn Sie bei einem Mann, egal ob Sie selbst ein Mann oder eine Frau sind, etwas erreichen wollen, vor allem beruflich, dann empfehle ich Ihnen die Regel vom „goldenen Pokal":

Männer tun zwar gerne etwas für jemand anderen, den sie mögen, aber man kann mit gegenseitigem Geben und Nehmen noch mehr erreichen.

Wenn Sie etwas von einem Mann, egal ob dem Chef, einem Mitarbeiter, Kollegen oder externen Dienstleister beruflich möchten, dann bringen Sie ihm einen goldenen Pokal mit ins Gespräch. Das soll heißen, überlegen Sie sich vorher, was Sie dem Herrn Gutes tun könnten, bieten Sie Ihre Gegenleistung schon vor Ihrem Wunsch an. Wichtig ist, dass die Gegenleistung nicht schwammig formuliert wird à la „Wenn Sie mir helfen, dann haben Sie etwas gut bei mir" oder „Ich würde mich beizeiten auch revanchieren". Solche Versprechen ins Blaue sind zu unkonkret. Es muss schon der goldene Pokal sein!

Ein goldener Pokal könnte sein:
- eine geheime Wunscherfüllung des Herren
- eine wertvolle Netzwerkverknüpfung
- eine wichtige Information
- ein kleines nützliches Präsent*
- die Übernahme einer unangenehmen oder langweiligen Tätigkeit
- eine Einladung zum Essen oder zu einem besonderen Event
- etc.

---

* Ich verschenke immer gerne Mini-Schraubendreher in Kugelschreiberform oder als Schlüsselanhänger, das kann jeder gebrauchen, auch Damen.

Formulieren Sie den goldenen Pokal als selbstverständliche Gabe zu Beginn des Gesprächs, so als erwarteten Sie nichts als Gegengabe. Sonst ist es zu plump und Ihr Gegenüber wird misstrauisch.

Erwähnen Sie zum Beispiel Ihre wertvollen Kontakte und dass Sie da schon längst mal eine Verknüpfung zu Ihrem Gesprächspartner herstellen wollten. Dann erzählen Sie etwas anderes und dann erst kommen Sie zu Ihrem eigentlichen Anliegen.

Ein Beispiel

Ich hatte mal eine Teilnehmerin im Seminar, die beklagte sich, dass ihr Chef so gar nicht auf sie hörte.

Sie arbeitete aus Überzeugung in einer Umweltbehörde und wollte seit Jahren ihren Chef dazu bringen, ein für sie sehr wichtiges Buch zu lesen, damit er sich der darin besprochenen Thematiken auch praktisch annehme. Er wimmelte sie aber immer ab, mit der Begründung, dafür keine Zeit zu haben.

Ich habe die Teilnehmerin dann im Seminar gebeten, in einem Rollenspiel vorzuführen, wie sie dieses Buch ihrem Chef nahelegt. Sie verfiel sofort in einen jammernden und anklagenden Tonfall: „Vielleicht kommen Sie jetzt endlich mal dazu dieses wichtige Buch zu lesen. Das müsste für Sie eigentlich Priorität haben. Ich verstehe das wirklich nicht, dass Sie sich dafür nicht die Zeit nehmen, wo ich Ihnen doch schon so oft gesagt habe, was für ein wichtiges Buch das ist und welche Tragweite das für unser aller Zukunft hat." Alle anderen Seminarteilnehmer hatten mit ihren neugeschulten Ohren sofort „das schlimme Geräusch" (siehe auch nächstes Kapitel) aus ihren Klagen herausgehört. Selbst der Rollenspiel-Chef im Seminar meinte, sein natürlicher Bauchimpuls wäre gewesen: „Ich muss die Dame abwimmeln, die jammert ja wie meine Mutter. Wahrscheinlich hat sie sogar recht, aber allein der Tonfall ist mir unangenehm und ich möchte sie einfach nur schnell aus meinem Zimmer schieben." Dabei war die Teilnehmerin eigentlich eine sehr sympathische Frau, die von allen im Seminar gleich zu Anfang gemocht wurde.

Mein Rat an die Teilnehmerin war folgender: „Versuchen Sie es bitte noch einmal mit Ihrem Chef und bringen Sie ihm das Buch als einen beiläufigen goldenen Pokal mit ins Vier-Augen-Gespräch. Sagen Sie ihm im netten Plauderton: ‚Ich habe da ein Buch gefunden, das voller Geheimwissen ist. Ich bin mir sicher, noch niemand in unserer Behörde hat davon gehört. Ich habe selbst mit einigen Zitaten daraus schon viel Respekt unserer Kollegen geerntet. Deshalb bringe ich Ihnen das heute mal mit, gerade auf Ihrer Führungsebene wäre das doch gut, wenn Sie hausintern für unsere Abteilung ein paar Respektpunkte sammeln und wir dann alle noch besser dastehen. Was meinen Sie?', und dann erzählen Sie im gleichen Plauderton von tagesaktuellen Themen und dass Sie dazu noch seine fundierte Meinung bräuchten." Ich bat sie um eine anschließende Mail, wie denn das Gesprächsergebnis gewesen wäre – aus reiner Neugier. Ihre Mail ein paar Tage später war voll der Verwunderung: „Mein Chef hat sich nicht nur endlich für das Buch interessiert, sondern bei einem Blick ins Impressum gemeint, warum wir das Geheimwissen-Buch denn nicht schon früher gefunden hätten, es wäre ja schon seit einiger Zeit auf dem Markt. Er hat sich bedankt und das Geheimwissen zur Chefsache gemacht und auch mich als Mitarbeiterin respektiert er jetzt mehr als vorher, habe ich das Gefühl." Ich habe mich sehr für die Teilnehmerin und ihren Erfolg gefreut.

Welchen goldenen Pokal Sie auch immer Ihrem Chef oder einem anderen Herren mit ins Gespräch bringen – Sie werden immer mehr erreichen als mit Jammern, Schimpfen und Anklagen. Viel Erfolg!

Schritt 4: Zuhören und „Das Geräusch"

Viele Frauen beklagen sich, privat wie im Business, dass Männer nicht zuhören können.

Das stimmt so nicht. Männer können durchaus zuhören. Es kommt vor allem auf das „Geräusch" an, also auf den Tonfall des Gesagten.

Wenn Sie zum Beispiel mal an einen Spielplatz denken mit einem großen Klettergerüst für Kinder ab fünf Jahren und Sie sehen einen dreijährigen Jungen und ein dreijähriges Mädchen, denen die Mütter bereits zum zweiten Mal verbieten, auf dieses Klettergerüst zu klettern, weil sie einfach noch körperlich zu klein sind und mit den Kindern schimpfen, können Sie folgende Reaktionen beobachten:

Das Mädchen hört sich das Schimpfen der Mutter an, hört schuldbewusst und genau zu und sobald die Mutter sich wieder auf eine Bank gesetzt hat, spielt das Mädchen zunächst unschuldig im Sandkasten mit seinen Förmchen. Es beobachtet allerdings die Mutter, und sobald diese in ihrer Lektüre versunken ist, versucht das Mädchen heimlich wieder zum Klettergerüst zu schleichen und dreht sich immer wieder schuldbewusst um, ob die Mutter auch ja nicht guckt und es bei dem Verbotenen erwischt.

Der Junge dagegen hört sich das Schimpfen der Mutter an, hat aber dabei einen etwas leeren, desinteressierten Gesichtsausdruck. Er scharrt ein bisschen mit den Füßen herum und wartet geduldig, bis das unangenehme Geräusch, das da von oben auf ihn niederprasselt, vorbeigeht. Sobald Stille herrscht, dreht er sich herum und saust, als wäre nichts geschehen, zum Klettergerüst – und wundert sich dann, dass die Mutter schon wieder anfängt, unangenehme Geräusche mit ihrem Mund zu fabrizieren!

Meine Erfahrung ist, dass sich Männer bei diesen unangenehmen Geräuschen innerlich schütteln, ein geduldiges Pokerface aufsetzen – und dann in ihrem Inneren völlig unbeteiligt bleiben. Sie wissen intuitiv, wann sie nicht unbedingt zuhören müssen. Viele erweitern dieses intuitive

Wissen in ein Nicht-Zuhören, sobald das Gegenüber in den Schimpf- und Jammer-Tonfall ihrer eigenen Mutter verfällt.

Viele männliche Seminarteilnehmer beschweren sich auch bei mir, dass Frauen „immer so emotional und unsachlich argumentierten und redeten".

Wenn man Business-Gespräche von Männern und Frauen im Wortlaut analysiert, kann man feststellen, dass beide in etwa gleichstark emotional reagieren und impulsiv kommunizieren. Jedoch haben Männer in ihrer Jungenspielgruppe gelernt, Schimpfen, Jammern und auch Schreien nur in Notfallsituationen und spieltaktisch einzusetzen.

Sie trainieren sich von klein auf ein Pokerface an. Das heißt, sie zeigen in ihrer Mimik nicht, was sie denken und bleiben indifferent und doch interessiert, sodass ihr Gegenüber denkt, sie hören zu. Sie können mit Pokerface auch sehr konzentriert und wach gucken, an den richtigen Stellen nicken – und innerlich gerade die Zahl der im Raum vorhandenen Lampen durch die Anzahl der Fensterscheiben teilen und mit der Zahl der Stühle multiplizieren.*

Bei so bizarren Rechenaufgaben oder anderen Denkspielen glauben sie sich innerlich beschäftigt und sind sehr erstaunt über die für sie unerwarteten, im unangenehmen Geräusch vorgetragenen Vorwürfe, ohne dabei zugehört zu haben.

In meiner Freizeit male ich und seit zehn Jahren stelle ich meine Arbeiten auch regelmäßig aus und verkaufe sie. Bei einer meiner Vernissagen war unter anderem ein Botschafter eines anderen Landes anwesend. Die Laudatio auf mich wurde von einem Kurator auf Deutsch gehalten. Der Botschafter hörte ihm sehr aufmerksam zu und nickte oft so

---

* Diese Art von Gehirnjogging habe ich schon von einigen männlichen Seminarteilnehmern bestätigt bekommen – andere berichten vom ausgiebigen Studium der Schuhe oder Krawatten der Anwesenden oder des Nachdenkens über das letzte Fußballspiel.

gewichtig an den richtigen Stellen, dass andere aus dem Publikum es ihm nachtaten. Aufgrund seines ernsten und beeindruckten Auftretens konnte man bei den anderen Gästen einen noch gesteigerten Achtungserfolg mir gegenüber spüren. Beim nachfolgenden Rundgang gefiel ihm eins meiner Bilder und er nahm mit seinem Dolmetscher Kontakt zu mir auf. Ich sprach ihn direkt auf Deutsch an und sagte, dass ich mich sehr gefreut habe, dass er bereits auch bei der eröffnenden Laudatio anwesend war. Daraufhin erklärte mir der Dolmetscher, dass der Botschafter weder Deutsch spräche noch ein Wort Deutsch verstünde. Er hat dann das Bild von mir in Verhandlung mit mir und dem Dolmetscher gekauft, und während der Verhandlung wurde mir klar, dass er wirklich kein Wort Deutsch verstand.

Mir ist bis heute ein Rätsel, wie er es geschafft hat, wo doch alle Augen auf ihn gerichtet waren, bei der Laudatio in einer ihm völlig unbekannten Sprache an den richtigen Stellen zu nicken, gewichtig zu schauen und zu schmunzeln – haben doch alle auf sein Signal gewartet und sich ihm angeschlossen und er die ganze Zeit den Redner fixiert, also keinen Anhaltspunkt gehabt, wann welche Reaktion angebracht wäre.

Ich glaube, es war ein männliches Pokerface, Scheinbarzuhör-Vermögen in seiner Bestform. Kein Wunder, dass der Herr zum Botschafter erwählt wurde – ich verneige mich bis heute ernsthaft respektvoll vor dieser seiner Scheinbarzuhör-Kunst!

Gehen Sie also davon aus, egal ob Sie ein Mann oder eine Frau sind:

- Männer zeigen Ihnen oft ein Pokerface und hören nicht hin, verstehen Sie oft gar nicht wörtlich und nehmen Sie eventuell auch gar nicht wahr.
- Männer reagieren oft mit Pokerface und innerem Abschalten, wenn Sie mit unangenehmen Geräuschen wie Schimpfen oder Jammern konfrontiert werden.
- Wenn Sie Männer zum Zuhören bringen möchten, dann sprechen Sie in möglichst sachlichem Ton und

angenehm modulierend und flechten Sie immer wieder wichtig klingende Informationen, vorgebliches Geheimwissen und andere vermeintliche Vorteile für Ihr
Gegenüber ein.

- Frauen, die emotional und jammernd argumentieren,
  werden weder von Männern noch von Frauen als kompetent und professionell erlebt.
- Im Jammerton oder Schimpfmodus verändern Sie die
  Situation nicht und motivieren Männer nicht wirklich,
  etwas in der Zukunft zu ändern.

Schritt 5: Das „Nichts"

Die moderne Hirnforschung hat herausgefunden, dass das männliche und das weibliche Gehirn tatsächlich auf gewisse Impulse verschieden reagieren.

Eines der Ergebnisse ist, dass Männer es schaffen, bei vollem Bewusstsein im Wachzustand an nichts zu denken. Frauen können das nicht.

Frauen glauben deswegen Männern auch nicht, wenn diese behaupten, dass sie gerade an nichts gedacht hätten. Mit ihrem üblichen Misstrauensvorschuss vermuten Frauen meistens etwas Negatives. Wenn Frauen die berühmte Frage stellen: „Was denkst Du?" und sie erhalten die männliche Antwort „nichts", schlussfolgern sie: „Er hat sehr wohl etwas gedacht, und zwar etwas Negatives, das mit mir zusammenhängt, sonst würde er es ja sagen können." Manchmal stimmt diese Vermutung auch, meistens aber nicht.

In den meisten Fällen hat Ihr männliches Gegenüber wirklich nichts gedacht.

Mark Gungor, ein amerikanischer Paartherapeut und Komiker hat dieses Phänomen sehr anschaulich beschrieben.

Seine Lehre ist – frei übersetzt und von mir nacherzählt – die Folgende:

„Wenn ein Mann etwas tut und denkt, dann öffnet sich in seinem Gehirn eine Box. Zum Beispiel gibt es da eine Box für das Arbeiten oder eine Box für das Autofahren oder eine Box für das Angeln. Und wenn der Mann die Tätigkeit beendet, dann schließt er diese Box und öffnet eine andere. Also, Arbeit beendet, Box für das Arbeiten schließen und nun Box für das Autofahren öffnen für den Heimweg.

Männer können auch mehrere Boxen gleichzeitig aufmachen, wie zum Beispiel die Box für Joggen, die Box für Musik hören und die Box für auf den Straßenverkehr achten. Danach werden diese drei Boxen wieder sorgfältig geschlossen und andere drei Boxen für Duschen, Einseifen und Singen gleichzeitig geöffnet.

Und das Besondere ist, Männer haben auch eine von Gungor

so genannte Nothing-Box, eine Nichts-Box, die sie öffnen, wenn sie wach sind und wach bleiben, bei der alle Körperfunktionen weiterarbeiten, aber bei der sie einfach an gar nichts denken.

Bei Frauen gibt es im Gehirn laut Gungor kein Boxen-System. Wenn Frauen an etwas denken, dann britzeln in ihrem Gehirn viele elektrische Kabel übereinander los und verknüpfen sich auch teilweise. Wenn eine Frau nachdenkt, überlappen sich so oft viele Informationen gleichzeitig wie etwa „Ich muss noch Monika anrufen, die Frau Müller hat eine komische Frisur, hab ich den Herd ausgemacht, ich muss im Büro dem Herrn Meier mailen, mein Schuh hat einen Fleck, jetzt ist die Ampel grün, was essen wir heute zu Abend und hab ich vorhin den Herd ausgemacht?"

Mal an gar nichts im wachen Zustand zu denken, fällt Frauen sehr schwer. Sie haben eben keine Nichts-Box.*

Mir ist selbst aufgefallen und ich habe auch schon mit vielen Yoga- und Meditationslehrern darüber gesprochen, die meine Erfahrung teilen, dass es sehr schwer ist, Frauen dazu zu bringen, in der Meditation an nichts zu denken; den Männern fällt das dagegen sehr einfach.

Frauen, die meditieren wollen, gibt man meist eine Denkaufgabe wie „Stellen wir uns ein Licht vor, denken Sie an eine grüne Scheibe, die langsam rot wird, hören Sie auf Ihren Atem, ein-aus-ein-aus, spüren Sie, wie warm Ihr Bauch wird...", usw.

Frauen ohne Denkaufgabe beim Meditieren schlafen entweder ein oder denken die ganze Zeit an irgendwas aus der Arbeit oder dem Privatleben, jedenfalls nicht an die angestrebte Entspannung oder eben mal an nichts.

Meine mir persönlich plausibelste Erklärung für die Ursache dieses Phänomens der unterschiedlichen Gehirnfunktion von Männern und Frauen ist die folgende:

---

* Frei zusammengefasst nach seinem YouTube-Video. Einfach nach Mark Gungor und Nothing-Box googeln.

In den ersten Lebensjahren eines Babys passt biologisch geplant in den meisten Fällen die Mutter auf – biologisch allein schon durch das Stillen bedingt. Da Babys sich unberechenbar schnell bewegen können und sich dabei selbst oft in große Gefahr begeben, muss eine Mutter ihr Gehirn ständig auf alle Eventualitäten eingeschaltet haben und notfalls auch am Hinterkopf Augen haben.

Daher ist es von der Natur schlau gelöst worden, wenn Frauen im Wachzustand ihr Gehirn im beständigen Britzelzustand auf Dauerempfang halten, so haben Babys eine viel größere Überlebenschance in ihren ersten Lebensjahren.

Wenn ich in meiner Zeit als Journalistin Paare mit kleinem Kind bei ihnen zu Hause interviewt habe und das Elternteil, das ich nicht gerade im Interview hatte, mit dem Kind im gleichen Raum beschäftigt war, habe ich auch folgende Beobachtung gemacht:

Wenn ich den Vater im Interview hatte, war er voll und ganz bei mir, er hatte die Box „Interview" geöffnet und gab klare, durchdachte und kompetente Antworten. Wenn das kleine Kind nebenan weinte, blieb er trotzdem mit der Aufmerksamkeit bei mir, weil er es ja von der Mutter gut versorgt wusste.

Wenn ich die Mutter im Interview hatte, war sie auch voll konzentriert auf das Interview, aber sobald das Kind nebenan weinte, war sie sofort mit der Aufmerksamkeit bei uns beiden, bei dem Interview und dem Kind, obwohl sie das Kind ja vom Vater gut versorgt wusste, der ja jetzt seine Box „Kinderbetreuung" geöffnet hatte und der Aufgabe perfekt nachkam.

Nach meiner Beobachtung könnte es also mit den verschiedenen biologischen Aufgaben der menschlichen Arterhaltung von Mann und Frau zusammenhängen, dass wir so verschieden mit unserem Gehirn denken.

Natürlich denken Frauen teilweise auch sehr strukturiert und Männer teilweise sehr durcheinander, es geht nur darum, dass Männer die Fähigkeit haben, im Wachzustand nichts zu denken. Diese Fähigkeit könnte sich eine Frau, sollte sie mal Mutter werden, nicht leisten. Andererseits können Männer sich auch extrem auf eine Sache fokussieren und ihre Gefühle dabei ausblenden. Diese Eigenschaft war bei unseren Urvätern sicher bei Jagd und Verteidigung sehr hilfreich und hat unsere Vorfahren überleben lassen. Daher wurde diese Eigenschaft aus überlebenstechnischen Gründen an die männlichen Nachkommen weitervererbt.

Beide Gehirn-Systeme, das mit den Boxen inklusive Nothing-/Nichts-Box und das mit dem ständigen Britzeln haben Vor- und Nachteile und die Mischung aus beidem macht ein erfolgreiches Team aus.

Schritt 6: Streitbeschwichtigen

Ungefähr 80 Prozent aller Streitereien und Konflikte entstehen aus Missverständnissen heraus, auch wenn es sich nicht um eine Mann-Frau-Thematik handelt.

Wenn es zwischen Männern und Frauen zum Konflikt kommt, ob privat oder beruflich, wird es besonders heikel, weil Männer und Frauen ja in verschiedenen Sprachstilen kommunizieren, dies aber meist gar nicht wissen, weil ja die gemeinsame Basissprache (in unserem Land meist Deutsch oder Englisch) die gleiche ist.

Frauen glauben im Konfliktfall mit Männern, dass die Männer sie schon zwischen den Zeilen verstanden hätten und unterstellen mit ihrem ihnen selbst unbewussten Misstrauensvorschuss, dass ihnen die Männer absichtlich etwas Gemeines antun wollen oder es per se tun.

Daher schalten sie oft von null auf hundert in emotionaler Impulsivität oder leiden schweigend vor sich hin.

Männer dagegen glauben im Konfliktfall mit Frauen nicht, dass Frauen sie schon richtig verstanden haben, weil ihnen die verschiedenen normaltypischen Konfliktverhaltensweisen von Frauen seit jeher fremd sind. Sie versuchen zwar oft ihrer Meinung nach alles, um einen Konflikt möglichst gleich zu vermeiden und merken dabei gar nicht, was sich durch Missverständnisse an Konflikten anstaut.

Oft liegt ein Konflikt „Gesichtsverlust versus Liebesverlust" in der Luft, oft ist es aber auch wirklich nur ein Missverständnis.

Allein wenn Frau Meier zu ihrem Kollegen Herrn Huber sagt:

„Es wäre schön, wenn das morgen fertig wäre." bedeutet das in Frauensprache: „Morgen soll es fertig sein."

In Männersprache bedeutet es: „Es wäre schön, wenn das morgen fertig wäre, aber es ist auch nicht so dringend. Sie können auch ruhig Ihre Prioritäten der Arbeitserledigung anders setzen oder heute früher Feierabend machen."

Herr Huber fällt aus allen Wolken, wenn Frau Meier am

nächsten Tag sauer ist, weil er noch nicht fertig ist mit seiner Projektzuarbeit und sagt zu sich selbst: „Dann hätte Frau Meier das halt auch sagen müssen, dass sie das heute braucht. Aber mit ihrer schwammigen Anweisung dachte ich natürlich, das hätte noch Zeit."

Und Frau Meier denkt sich: „Der Herr Huber wusste doch, dass ich das heute brauche. Ich habe es ihm doch gestern ganz klar gesagt."

Wenn es nun zur Eskalation eines Konflikts kommt, ist eine der besten Lösungen, einen Termin für die Konfliktlösung zu vereinbaren. Das heißt nicht, dass jetzt alle ihren Kalender zücken und nach einem gemeinsamen Termin suchen, sondern es bedeutet, beiden eine kurze Bedenkpause zu gewähren und eine Zeit zu benennen, in der eine gemeinsame Lösung gefunden wird.

Dieser Termin steht schlicht für eine Zeitansage. Das kann sein: in zehn Minuten, in zwei Stunden, heute abend, morgen mittag, in einer Woche, etc. Wichtig ist aber, dass eine Zeitansage stattfindet. Nur so kommunizieren Sie: „Das Problem nehme ich ernst, ich will es lösen, und zwar zeitnah."

Es gibt gerade bei Konfliktlösungsansätzen zwei Sorten Menschen.

Die einen müssen drüber schlafen, um durch die Ruhepause dem emotionalen Rausch zu entkommen und dann sachlich über eine vernünftige Lösung reden zu können.

Die anderen können nicht einschlafen, ohne das Problem gelöst zu haben, weil sie nicht zur Ruhe kommen und im Kopf alle möglichen Vorwürfe und Konfliktzuspitzungen so lange durchgehen, bis aus einer Mücke garantiert ein Elefant geworden ist.

Wenn Sie von der Sorte Mensch sind, die darüber schlafen muss und mit jemandem von der Sorte Mensch streiten, der ohne Konfliktlösung nicht einschlafen kann, dann hilft so eine Terminvereinbarung Ihnen beiden.

Sie versichern dem anderen, dass Sie auf jeden Fall gesprächsbereit bleiben und sagen ihm auch genau, wann das Gespräch fortgesetzt wird. Und der andere wird zwar trotzdem Probleme mit dem sofortigen Einschlafen haben, aber er wird seine Überlegungen nicht in den Teufelskreis des unendlichen Leidens und der Vorwürfe stürzen, weil er ja weiß, das Gespräch wird zum festgesetzten Termin fortgesetzt und eine Problemlösung ist auch Ihr Ziel.

Ein Folgegesprächstermin beruhigt und entschärft viele Konflikte.

Wenn Sie von der Sorte Mensch sind, die nicht einschlafen kann, ohne das Problem gelöst zu haben und mit jemandem von der Sorte Mensch streiten, der darüber schlafen muss, aber Ihnen keinen konkreten Terminvorschlag macht, dann bieten Sie ihm einen an. Sie können auch ruhig sagen: „Ich möchte wissen, wann genau wir das klären. Mir wäre es sehr wichtig, zeitnah eine Lösung zu finden. Ich schlage vor, morgen gleich um 9 Uhr noch einmal darüber zu reden."

Ich habe schon oft von Seminarteilnehmerinnen gehört, dass sie ein furchtbares Wochenende hatten, weil sie sich in der Arbeit am Freitag gestritten haben und das ganze Wochenende noch drüber nachgrübeln mussten. Mit dem Ergebnis, dass sie am Sonntagabend entweder selbst nicht weit von der Kündigung entfernt waren oder im Teufelskreis der Gedanken eine große Angst vor einer sicheren Kündigung entwickelt hatten. Und am Montag haben sie sich dann in der Arbeit gewundert, dass alles überhaupt nicht schlimm war und sie etwas falsch verstanden hatten oder der Konflikt sich nach drei Sätzen in einer guten Lösung aufgedröselt hat.

Sie können sich auch selbst viel Leid ersparen als Mensch, der nicht ohne Problemlösung einschlafen kann, indem Sie selbst zeitnahe Terminvorschläge machen.

Vorkapitel Selbstmarketing – Selbstwertgefühl und Selbstmotivation

Häufig habe ich in Seminaren die Erfahrung gemacht, dass viele Teilnehmer, weiblich und männlich, während des Seminarkapitels Selbstmarketing erstmal in Selbstzweifel gefallen sind. Sie meinten, kein Selbstmarketing betreiben zu können, weil ihre Leistung nicht gut genug wäre und weil sie sich einfach nie gut genug fühlten. Falls es Ihnen genauso geht, dann lesen Sie doch bitte erst einmal dieses Vorkapitel. Wenn nicht, dann überspringen Sie es einfach!

Es wird in den Medien immer mal wieder vom Hochstapler-Syndrom berichtet. Das Syndrom betrifft in den meisten Fällen hochqualifizierte Frauen. Diese Frauen haben sogar manchmal einen oder mehrere Doktortitel oder andere sehr qualifizierte Abschlüsse und befinden sich beruflich auf einer guten Position, leben aber in der ständigen Angst, jemand könnte herausfinden, dass sie nur hochstapeln und versuchen Tag und Nacht und am Wochenende sich neben der 120%igen Arbeit, die sie sowieso abliefern, auch noch sich ständig weiter zu qualifizieren und autodidaktisch weiterzubilden.

Schon Sokrates hat ja gesagt: „Ich weiß, dass ich nichts weiß." Nun, wenn ich ein Fachbuch lese, fällt mir oft bei der Lektüre auf, dass ich gleich noch in zehn weiteren Fachbüchern mal nachlesen müsste, die zitiert werden. Wenn ich diese zehn Bücher lese, dann fällt mir bei der Lektüre auf, dass ich weitere hundert Bücher lesen müsste, die ich nun in den Zitaten finde, usw. Mit einem optimistischen Selbstvertrauensvorschuss kann ich mir sagen: „Gut, ich kann nicht alles wissen, aber ich bin eine Koryphäe in meinem Gebiet und wenn ich mal dazu komme, bilde ich mich natürlich weiter. Aber Entspannung zwischendurch ist auch wichtig, um eine gute Arbeit abzuliefern." Die Menschen mit dem Hochstapler-Syndrom haben trotz Ihrer Überqualifizierung und ihres hohen beruflichen Engagements den realistischen Blick auf ihre Leistung verloren. Sie sehen nur auf das, was sie nicht können, nicht auf das, was sie können und leisten. Ähnlich den Magersüchtigen, die jede noch so kleine Rundung als sehr fett einstufen, während die meisten sie als zu dünn betrachten. Und so ein Hochstapler-Syndrom hat ähnlich selbstzerstörerische Auswirkungen wie Magersucht.

Das betrifft natürlich, Gott sei Dank, nur sehr wenige. Ich wollte Ihnen nur ein drastisches Beispiel dafür nennen, was mangelndes Selbstwertgefühl für jemandes Leben bedeuten kann.

Mehr Selbstwertgefühl!

- Hören Sie auf, sich mit anderen zu vergleichen.
- Schauen Sie auf das, was Sie können – jeder kann etwas!
- Machen Sie eine Liste mit 20 Punkten Ihrer Leistung, auf die Sie stolz sind und hängen Sie diese an die Wand.
- Nehmen Sie Komplimente mit Freude an!
- Entwickeln Sie sich in Maßen weiter – mit Hilfe von Freunden, Büchern, vielleicht auch eines Mentors oder Coaches.
- Freuen Sie sich auf die Weiterentwicklung, seien Sie es sich wert!
- Pflegen Sie Beziehungen zu Menschen, die Sie mit Ihrer positiven Haltung und Weltsicht anstecken.
- Geben Sie sich nicht mehr mit dem Erstbesten zufrieden.
- Machen Sie möglichst oft das, was Sie lieben, was Ihnen Spaß macht.
- Belohnen Sie sich, wenn etwas besonders gut gelungen ist. Im fortgeschrittenen Selbstwertgefühltraining lassen Sie andere an dieser Belohnung teilhaben, indem Sie z.B. jemanden zum Essen einladen, aus Freude über Ihren Erfolg.

Um mehr Selbstwertgefühl zu entwickeln, hilft auch tägliche Selbstmotivation.

Bleiben Sie auf jeden Fall der Mensch, der Sie sind, mit allen Macken und Fehlern, das macht Sie authentisch und sympathisch. Natürlich können Sie versuchen, die schlimmsten Mängel zu beheben, wenn Sie Ihnen gesellschaftlich oder beruflich schaden, aber stehen Sie ansonsten zu Ihren kleinen Macken. Wenn Sie mal in ein Fettnäpfchen treten, verzeihen Sie sich selbst!

Der Erste und Einzige, der Ihnen wirklich verzeihen kann und verzeihen wird, sollten Sie selbst sein! Selbstzerfleischung hilft niemandem, schon gar nicht Ihnen selber. Selbstironie steckt an und bringt Sympathie-Punkte. Bedenken Sie: Niemand kann einem den Selbstrespekt nehmen, wenn man ihn nicht hergibt.

Sie können versuchen, morgen etwas besser zu machen, aber quälen Sie sich nicht unnötig mit dem Gestern.

Versuchen Sie es mit Zuversicht und Mut. Versuchen Sie, Ängste und Sorgen möglichst weit hinter sich zu lassen.

Sehen Sie den rhetorischen oder praktischen Gewinn nicht als das einzig mögliche Ziel. Kurzfristige Gewinne können langfristig ein größerer Verlust sein als eine Win-Win-Situation oder ein langsames Herantasten und auch mal den Anderen gewinnen lassen. Nicht immer ist eine Win-Win-Situation möglich, aber immer eine gute gemeinsame Meta-Ebene.*

Selbstmotivation

- „Meine Fehler machen mich sympathisch."
- „Ich verzeihe mir selbst."
- „Das Beste, was anderen Menschen heute begegnen kann, bin ich."
- „Ich liebe mich, so wie ich bin."
- „Wenn ich einen Fehler gemacht habe, kann ich es ja beim nächsten Mal versuchen besser zu machen."

Wenn Sie merken, die alte Unsicherheit kommt wieder in Ihnen hoch, die Selbstzerfleischung steht wieder vor der Tür, dann gewöhnen Sie sich prophylaktisch neue Rituale an: Um sich an ein inneres „Cool bleiben" zu erinnern, können

---

* s. S. 89 ff.

Sie z.B. immer dann den Zeigefinger gegen den Daumen pressen oder einen Anhänger/Ihre Uhr/Ihr Armband, etc. berühren oder einen Stein, den Sie in Ihrer Hosentasche tragen.

Ihr eigenes kleines Ritual, das Ihnen Sicherheit gibt, wird Ihnen mit der Übung und mit der Zeit immer mehr Selbstbewusstsein im richtigen Augenblick einflößen.

Schritt 7: Von Gockeln und Jammerlappen

Den meisten Frauen und auch so manchem Mann muss man immer wieder folgenden Satz predigen:
„Tue Gutes und rede darüber!"
In einem Kabarettprogramm habe ich einmal folgenden Satz gehört:
„Männer leisten 50 Prozent und stellen es als 100 Prozent dar. Frauen leisten 100 Prozent und verkaufen sie als 50 Prozent." Nach meiner Erfahrung ist in puncto Selbstmarketing in diesem Satz sehr viel Wahrheit enthalten.
Männer übertreiben gerne die eigene Leistung, das haben sie in der Jungenspielgruppe so gelernt: Wer seine eigene Leistung übertreibt, der spielt eher auf seiner Lieblingsposition, bekommt mehr Anerkennung oder darf schlicht und einfach überhaupt mitspielen. Frauen nehmen diese Übertreibung, wenn sie sie denn überhaupt als solche wahrnehmen und nicht wie die meisten eins zu eins glauben, meist für „Gockelei", für „Angeberei". Für Männer ist das ein normaler Business-Stil.
Frauen untertreiben gerne die eigene Leistung, weil es im Zweierspiel immer hübsch bescheiden zu gehen muss, damit die Andere sich nicht dumm vorkommt.
Männer sind also gewohnt, bei den eigenen Leistungsberichten und denen anderer Jungen und Männer lieber mal stillschweigend 20 Prozent des Wahrheitsgehaltes abzuziehen. Genau das machen sie aber dann natürlich auch bei Frauen, schließlich sprechen diese auch Deutsch und der Mann ist sich ja oft gar nicht bewusst, dass jemand anders kommunizieren könnte als sie selbst. Und die Frauen stapeln dann aber 20 Prozent zu tief vom Wahrheitsgehalt (oft unterbewusst), damit der Mann sie auch mag – dann denkt der Mann natürlich: „Oh, die kann ja gar nichts!" Er nimmt ja nicht die bei ihm üblichen 20 Prozent Wahrheitsgehalt weniger wahr, sondern er glaubt, die Frau könne in Wahrheit 40 Prozent weniger! Dabei leistet sie in Wirklichkeit tatsächlich volle 100 Prozent!

Selbstmarketing

- Berichten Sie routinemäßig immer wieder über Ihre Leistung.
  Bsp.: „In dieser Woche beende ich mein Projekt und warte nur noch auf die Ergebnisse, die zugearbeitet werden. In der Wartezeit mache ich bereits die ersten Entwürfe der Power-Point-Präsentation für das große Meeting nächste Woche."
- Loben Sie Ihre eigene Leistung.
  Bsp.: „Das habe ich wieder gut hinbekommen! Hat mir auch großen Spaß gemacht. War gar nicht so einfach wegen der Beschaffung der externen Daten, aber hat dann doch sehr gut geklappt."
- Heben Sie Ihre eigene Leistung immer wieder als besonders hervor. Wenn Sie 100 Prozent leisten und das für ihre normale Arbeitsleistung erachten, dann verkaufen Sie davon in Zukunft 80 Prozent als gerade noch machbar und die restlichen 20 Prozent als große eigene Zusatzleistung. Dann praktizieren Sie den typisch männlichen Business-Sprachstil.

Diesen Effekt müssen Frauen im Berufsleben kennen und ihm vorbeugen.

Deswegen: Tue Gutes und rede darüber!

Es geht nicht darum, anzugeben oder arrogant zu sein, sondern mit einer gesunden Portion Selbstbewusstsein seine Leistung einfach laut an- und auszusprechen.

Ich halte manchmal auch Seminare für die Zielgruppe Sekretärinnen/Chefsekretärinnen. Gerade die Chefsekretärinnen haben mir schon mehrfach in verschiedenen Seminaren in der Kaffeepause das gleiche Phänomen erzählt:

Viele Chefs lassen gerne ihre Bürotür offenstehen, wenn Mitarbeiter bei ihnen zum Gespräch sind. Das wirkt so transparent und so offen. Und die Chefsekretärinnen hören dann zwangsweise die Gespräche mit. Teilweise ist das auch Teil der Taktik, damit der Chef später eine Zeugin für das Gespräch hat.

Die Chefsekretärinnen, die einen Chef mit einer offenen Tür bei Mitarbeitergesprächen haben, berichten fast alle, dass männliche Mitarbeiter sich beim Chef gerne für alles selbst loben. So etwa auch, dass sie zum Beispiel neulich bei einem sehr dringenden Brief eigenhändig die Briefmarke aufgeklebt haben und ihn in der Mittagspause zum Briefkasten gebracht haben, damit er auch ganz sicher am nächsten Tag ankommt. Keine Tätigkeit ist ihnen zu banal, um erwähnt zu werden!

Und die meisten Chefs honorieren diese banalen Aufzählungen als großes persönliches Engagement!

Die Chefsekretärinnen berichten des Weiteren mehrheitlich, dass Frauen, die im Mitarbeitergespräch zum Chef kommen, dieses Gespräch gerne mit den Worten „Ich hab da ein Problem..." beginnen. Eine Frau, die als Kind zu zweit gespielt hat, ist gewohnt, mit jedem auf Augenhöhe zu kommunizieren und vertraulich alle Probleme an- und besprechen zu können. Natürlich kann und sollte man auch mit seinem Chef über Probleme sprechen, aber als Gesprächseröffnung ist es sehr ungeschickt – zumindest mit einem männlich kommunizierenden Chef. Bei ihm kommt das Signal an: „Oh nein, ein Problem – das wird bestimmt ein unangenehmes Gespräch. Hoffentlich ist es kurz... wie komme ich hier schnellstens wieder heraus..."

Die Chefsekretärinnen sagen auch, dass ihr Chef nach einer solchen Gesprächseröffnung oft nach dem Gespräch zu ihnen kommt und anordnet, dass sie diese Mitarbeiterin bitte nicht mehr telefonisch durchstellen und auch sonst mit „Der Chef ist gerade im Termin" abwimmeln sollen. Denn, „die kommt immer nur mit Problemen. Damit kann ich mich nicht auch noch dauernd befassen." Außerdem bleibt bei den Chefs hängen, dass die Frauen nicht so kompetent sind (sonst hätten sie nicht ständig ein Problem) und immer jammern (schließlich eröffnen sie bereits das Gespräch mit einem Problem) oder überlastet sind (sonst würden sie das Problem selbst lösen).

Geschickter ist es, in diesem Fall eröffnend erst einmal lauter positive Dinge zu sagen. Also zunächst über gut laufende Banalitäten und Erfolge des letzten Halbjahres sprechen und dann erst kann auch gerne das Problem angeschnitten werden, am besten mit den Worten: „Da hab ich noch eine Frage an Sie als meinen Chef, vielleicht könnten Sie mir da kurz einen Rat geben/mir helfen/mit Ihrer Expertise weiterhelfen etc."

Männer benennen Probleme, wenn sie mit ihnen selbst zu tun haben, inzwischen im neuen Business-Deutsch auch gerne als Herausforderung, Challenge, Besonderheit oder ähnlichen Euphemismen. Diese Herangehensweise kann man ruhig kopieren. Das ändert die eigene Persönlichkeit nicht, aber die Problemlösungen werden schneller und bereitwilliger von Männern angedacht und ausgeführt.

„Tue Gutes und rede darüber" bedeutet auch nicht, dass wir jetzt jede Banalität zur großen Tat erheben müssen. Aber was für die meisten Frauen im Berufsleben selbstverständlich ist, ist für die meisten Männer bereits ein besonderes Engagement im Job – und wer wird befördert? Der, der das Gefühl von sich selbst hat und anderen vermittelt, dass er viel Besonderes geleistet hat – nicht der, der alles für selbstverständlich hält, nur seinen Job macht und denkt, der Chef würde schon merken, dass man die letzte Woche wieder viele Überstunden gemacht hat.

Nach meiner Erfahrung ist es so, dass Vorgesetzte mit vielen Mitarbeitern gar nicht wissen können, was jeder Einzelne im Detail tut. Sie freuen sich, wenn der Laden läuft und sie das Gefühl haben, dass jeder Einzelne das leistet, was er soll. Wenn nun eine Beförderung oder andere Vergünstigungen anstehen, dann nehmen sie den Mitarbeiter, von dem sie bisher am meisten gehört haben, was er tut; aus dem einfachen Grund, weil sie von ihm mehr wissen als von den anderen.

Es reicht also, jeden Morgen dem Vorgesetzten in drei Sätzen zu sagen, was man an diesem Tag für Aufgaben hat und am Arbeitstagende eine kurze Zusammenfassung zu präsentieren, was man davon erledigt hat und mit welchen Herausforderungen man zu kämpfen hatte. Dann weiß der Chef, was Sie machen und hält Sie für engagiert.

Ich habe mal als Aushilfe im Sommer in einer Firma gearbeitet, in der sehr viele Frauen angestellt waren und nur vier Männer, einer davon der Chef.

Die Männer begegneten mir auf dem Flur immer freundlich, aber auch leicht gestresst und sagten auch bei jeder Gelegenheit, wie viel sie doch zu tun hätten, aber dass sie lauter spannende Aufgaben zu bewältigen hätten (heißt: ich habe sehr viel zu tun, aber ich schaffe das auch). Oft blieben sie abends auch etwas länger, um dann sofort am nächsten Tag allen, vor allem dem Chef, zu erzählen, dass es gestern wieder spät wurde im Büro.

Die Frauen in der Firma, mit denen ich zu Mittag ging und ein bisschen Privatgespräche führte, erzählten mir, dass sie zwar jeden Tag die Kinder pünktlich vom Kindergarten oder der Schule abholen mussten, also jeden Tag Punkt vier Uhr den Arbeitsplatz verließen. Aber ganz selbstverständlich haben sie die Arbeit mit nach Hause genommen, um sie dann zu erledigen, wenn die Kinder im Bett waren. Sie haben also teilweise noch mal vier bis sechs Stunden zu Hause gearbeitet. Oder dass sie extra früh ins Büro fuhren, um ab fünf Uhr schon die Arbeit zu erledigen, die noch anfiel, weil die Zuarbeit anderer nicht rechtzeitig fertig geworden war. Auf meine Frage, ob sie das denn auch dem Chef erzählten, dass sie so viele unbezahlte Überstunden zu Hause am Abend, am Wochenende oder in der Firma in der Früh machten, antworteten sie alle mit: „Nein, natürlich nicht. Ich möchte ja nicht, dass der Chef das Gefühl hat, ich schaffe meine Arbeit nicht in der vorgegebenen Zeit." Aber die Gründe für die unbezahlten Überstunden lagen alle im Außen, nicht bei Ihnen: jemand hatte Ihnen die Informationen erst so spät gegeben, die Mails/Briefe/Unterlagen waren nicht rechtzeitig angekommen, der Kunde hatte sich im letzten Moment noch einmal alles anders überlegt, etc.

Ich motivierte die Frauen, doch mal dem Chef einfach im wöchentlichen Feedback-Gespräch zu erzählen, womit sie gerade so beschäftigt sind und wie viele unbezahlte Überstunden sie aufgrund äußerer Gegebenheiten machen mussten – zu Hause am Abend oder am Wochenende. Und zwar im normalen, fröhlichen Ton, nicht im klagenden Jammertonfall.

Als ich schon zwei Monate nicht mehr bei der Firma arbeitete, rief mich der Chef an und sagte: „Frau Dürr, können Sie nächsten Sommer wieder bei uns einspringen? Ich weiß nicht, wie Sie das hinbekommen haben, aber Sie haben unsere Frauen so motiviert mit Ihrer alleinigen Anwesenheit, dass sie jetzt viel mehr und viel engagierter arbeiten." Die Frauen arbeiteten genauso viel und genauso engagiert wie vorher auch – nur war der Chef jetzt auch darüber informiert und nicht nur ich beim Mittagessen als Sommeraushilfe. Es macht einfach einen Unterschied, ob man über seine Arbeit redet oder nicht – da muss noch nicht mal etwas beschönigt oder dramatisiert werden. Einfach kurz berichten, was man im Einzelnen tut genügt schon.

Tue Gutes und rede darüber heißt einfach kurz und positiv informieren. Wenn etwas nicht so gut läuft, sollten Sie, wenn es möglich ist, das erst einmal verschweigen oder nur kurz anreißen, aber auf keinen Fall in viele Rechtfertigungen verfallen. Viele Frauen und manche Männer versuchen, sich für alles zu rechtfertigen. Damit kommen sie aber im Business-Leben nicht weit, im Gegenteil.

Ihre Maxime sollte lauten: ab heute keine Rechtfertigung mehr.

Schritt 8: Die Rechtfertigungs-Falle

Gerade Frauen suchen aufgrund ihres Kinderzweierspiels oft um jeden Preis die Wahrung der Harmonie im Gespräch, auch im heftigen Streitgespräch oder vielleicht auch gerade da. Mit Rechtfertigungen ihres Verhaltens und ihrer Gefühle versuchen sie ihr Gegenüber auf ihre Seite zu ziehen und es zu überzeugen, dass sie Recht haben. Selbst wenn sie tatsächlich Recht haben, wird diese Form der Harmonie-Kommunikationsversuche mit Männern, gerade im Business, nicht funktionieren.

Im weiblichen Sprachstil kann eine Rechtfertigung eine Brücke sein, die dem Gegenüber sprachlich gebaut wird, damit er auf die andere Meinungsseite kommen kann.

Aber im männlichen Sprachstil ist eine Rechtfertigung ein halbes Schuldeingeständnis. Das heißt: Sie verlieren in dem Moment, in dem Sie sich rechtfertigen einen Teil des männlichen Respekts und im Gespräch an Augenhöhe. Deswegen ist mein Rat: aufhören mit dem Rechtfertigen!

Wenn es allerdings doch einmal gesprächstechnisch und aus diplomatischen Gründen nötig sein sollte, dass Sie sich rechtfertigen müssen, dann beherzigen Sie bitte eins: Halten Sie sich knapp.

Frauen neigen teilweise auch dazu, sich stundenlang zu rechtfertigen, sogar für Dinge, die sie gar nicht verursacht haben. Aber erstens bringt Sie das Ihrem angestrebten goldenen Ziel der lösungsorientierten Versöhnung nicht näher, zweitens verlieren Sie an Augenhöhe gegenüber dem Gesprächspartner und drittens geraten Sie in die Gefahr, dass Ihr Gegenüber wieder auf Durchzug schaltet und nicht mehr hinhört. Im schlimmsten Fall versucht Ihr Gegenüber Ihre Rechtfertigungen auch noch als willkommene Argumente gegen Sie zu verwenden und Sie fühlen sich rhetorisch an die Wand gedrückt bzw. geredet.

Frauen neigen im Business gerne dazu, ihre Gefühle und ihre negativen Sätze zu rechtfertigen. Damit wollen sie wie in ihrer früheren Mädchen-Zweierspielgruppe eine har-

monische Stimmung erzeugen so à la „Ich sag ja eigentlich gar nichts Negatives, aber..." Ob Sie nun eine Frau
oder ein Mann sind: Rechtfertigungen sollten Sie sich in
der Arbeitswelt abgewöhnen, weil Sie damit an Augenhöhe verlieren. Und gerade, wenn die Stimmung angespannt
ist, dürfen Sie nicht unter die Augenhöhe Ihres Gegenübers
fallen. Sie können etwas kurz begründen, aber Sie dürfen
nicht in die Rechtfertigungsfalle tappen.

Ein Grund, warum ich ungern Paar-Coachings halte, ist,
dass mich dann beide erwartungsvoll anstarren und hören
wollen, dass der andere an allem schuld ist. Es sind immer
beide schuld. Der eine hat etwas getan und der andere hat
es mit sich machen lassen. Oder der eine hat etwas gesagt
und der andere hat es falsch verstanden. Oder der eine hat
reagiert und der andere glaubt, er habe stattdessen agiert.
Wie auch immer, die Schuldfrage hilft in einem Konflikt zunächst nicht weiter, egal ob privat oder in der Arbeitswelt.

Auch im Berufsleben gibt es immer die eine Sorte Mensch,
die gerne alle Schuld von sich weist – so ist zur Not auch mal
die Mondstellung schuld daran, dass man einen Fehler gemacht hat oder das schwere Mittagessen oder das Wetter.

Und dann gibt es die andere Sorte Mensch, die sich entweder an allem schuld fühlt oder zumindest erst einmal
innerlich wankt, wenn sie von anderen für schuldig erklärt
wurde, und dann überlegt, ob sie nicht vielleicht tatsächlich
schuld ist.

Diese beiden Sorten Menschen tendieren beide zu einem
Zuviel an Rechtfertigung.

In allen Rechtfertigungsansätzen verliert man an Augenhöhe.

In Business-Situationen habe ich vor allem Frauen erlebt,
die in die Rechtfertigungsfalle getappt sind, aber natürlich
sind auch einige Männer betroffen.

Wenn Sie also einen Fehler zugeben müssen, ob beruflich
oder privat, ob einem Mann oder einer Frau gegenüber,
trainieren Sie folgendes Vorgehen:

Wenn dagegen Ihnen gegenüber jemand anfängt, sich für

alles rechtfertigen zu wollen, nehmen Sie ihm den Wind aus den Segeln, indem Sie Verständnis für seine Sicht der Dinge zeigen – und dann sein Verständnis für Ihre Sicht der Dinge einfordern.

Vermeiden Sie Schuldzuweisungsfragen und folgende Fallen der typisch weiblichen Konfliktkommunikation: bitte weder zynisch, spöttisch, ironisch oder verletzend werden und nicht auftrumpfen. Widerstehen Sie auch der Versuchung, moralinsauer zu reagieren so à la „Ein anständiger Mensch tut so etwas nicht". Jeder ist fehlerhaft, auch Sie, also schwingen Sie sich nicht zur höchsten Instanz auf und geben Sie Ihrem Gegenüber stattdessen ein positives Grundgefühl. Damit gewinnen Sie immer – gerade weil man es von Frauen in Business-Konflikten nicht erwartet.

Viele Männer setzen gerade in Business-Meetings Rechtfertigungsarien auch zur Ablenkung vom eigentlichen Thema ein. Sie versuchen dann, die Aufmerksamkeit auf einen Nebenkriegsschauplatz zu lenken. Themen können auch zerredet werden. Wir alle haben schon jede Menge Dummschwätzer erlebt, die jedes Problem vom Tisch reden wollen und dabei kein Morgen kennen. Diesen Vertretern müssen Sie Zeitlimits setzen („jeder hat fünf Minuten für seine Argumente, abwechselnd", „in einer Stunde muss ich los, bis dahin ist es mir wichtig, dass wir uns einigen" etc.), bevor Sie mit der endlosen, entnervenden Analyse des vorangegangenen Gesprächs schon wieder ein neues unnötiges zeitraubendes Thema auf dem Tisch haben.

Männer rechtfertigen sich meist anders als Frauen und aus anderen Gründen. Männer kämpfen gern um die Rechtfertigung ihrer Taten. Frauen fühlen sich eher als Person angegriffen und fürchten Respekt- und Liebesverlust, wenn sie sich nicht rechtfertigen.

Schritt 9: „Ich bin doch sachlich!"

Wie Sie im Konfliktfall nicht als emotional wahrgenommen werden

Diese Situation kennen die meisten von uns aus dem Geschäftsleben. Eine Frau stellt ihrer Meinung nach ganz sachlich etwas fest und der Mann greift zur vermeintlichen Spiegelung und wirft ihr Emotionalität vor. Dabei war und fühlt sich die Frau immer noch sachlich und empfindet im Gegenteil den Mann als gerade ganz stark emotional.

Den Vorwurf „Sie reagieren zu emotional" ist der häufigste, den Männer Frauen im Allgemeinen in Konfliktsituationen machen, ob im Business oder privat. Es ist oft die typische männliche *unbewusste* Einwandvorwegnahme, die Frau im Konfliktfall nicht ernst nehmen zu müssen und als Mann das Problem nicht selbst ändern zu müssen. Selbst Frauen, die bereits den männlichen Sprachstil verwenden und sehr sachlich und nüchtern an den Konflikt herangehen, wird nach meiner Erfahrung oft vorgeworfen, dass sie zu emotional argumentieren würden. Oft wird das von Männern einfach in den Raum geworfen, um sich der Diskussion entziehen zu können. An dieser Reaktion kann man oft nicht direkt etwas ändern.

Männer sind es von klein auf gewohnt, in Gruppen bestehen zu müssen. Da eignet sich zur Konfliktbereinigung am besten eine vermeintliche Sachlichkeit.

Natürlich sind auch Männer emotional. Die meisten sogar mehr als die Frauen, aber sie halten sich nicht dafür. Auch wenn die meisten Männer inzwischen mit emanzipierten Frauen aufgewachsen sind und sich auch ihrer weiblichen Seiten nicht mehr unbedingt schämen, halten sie sich keinesfalls für emotional. Sie können Tränen vergießen, über ihre Gefühle reden und sich Ausraster genehmigen, aber sie halten sich nicht für emotional.

Als Person, der zu viel Emotionalität vorgeworfen wird, können Sie sich prophylaktisch einfach nicht mehr rechtfertigen und auf die Spiegelung Ihres Gegenübers nicht eingehen. Gehen Sie aber bitte auch nicht auf den Vorwurf der Emotionalität ein. Ziehen Sie höchstens kurz eine Augenbraue hoch und reden Sie sachlich weiter. Wenn Sie sich nicht vom eigentlichen Thema abbringen lassen, dann wird Ihr Gegenüber Ihnen schon den Respekt zollen, der Ihnen gebührt.

Mit reinen Emotionen ziehen Frauen (und auch Männer) auf längere Sicht immer den Kürzeren im Konfliktgespräch. Deshalb ist es ganz wichtig, sich das eigene Konfliktziel zu überlegen: vorher!

Und wenn ein Konflikt Sie unvorbereitet trifft, dann überlegen Sie einfach blitzschnell: was wollen Sie? Wollen Sie Recht behalten? Gut, aber dann passen Sie auf, dass Sie nicht nur das Wortgefecht gewinnen, aber auf lange Sicht trotzdem verlieren.

Deshalb sollten Frauen Männer im Konflikt kommunikationstechnisch trotzdem da abholen, wo diese meinen, dass sie sich im Moment befinden: in der Sachlichkeit.

Trainieren Sie, eine ruhige Stimme behalten zu können und vermeintlich sachliche Formulierungen zu verwenden. Auch Ihre Körpersprache sollte ruhig, langsam und gelassen wirken und Distanz und Sicherheit ausstrahlen. Auch das kann man trainieren. Jede nervöse Körpersprache wird von Ihrem Gegenüber sofort willkommen als Beweis für Ihre vermeintliche Emotionalität genommen und er hört Ihnen ab dieser innerlichen Entscheidung nicht mehr wirklich zu oder respektiert Sie nicht mehr. Sie können ruhig die Arme verschränken, sich zurücklehnen und sich gerade hinsetzen. Blicken Sie generell tendenziell von oben herab. Von kleinen Männern wie Oskar Lafontaine können wir lernen, wie man auch als kleinerer Mensch trotz Größenunterschied auf jemanden herunterblicken kann. (Beobachten Sie einfach mal die kleinen Männer um sich herum oder im Fernsehen, es wird Ihnen schnell auffallen.) Haben Sie keine Angst vor der Arroganz-Falle, arbeiten Sie lieber mit dem Arroganz-Prinzip.*

Machen Sie keine alten (Ab-)rechnungen auf und versuchen Sie, im Augenblick und bei der Sache zu bleiben. Schalten Sie auf den „Sprung in der Schallplatte". Selbst wenn Sie am Anfang des Gesprächs noch tatsächlich emotional waren oder kommunikative Fehler gemacht haben, durch die Sprung-in-der-Schallplatten-Übung (kommt gleich in einem Absatz später) können Sie schnell wieder an vermeintlicher Sachlichkeit gewinnen.

Wenn Sie eigene Gefühle benennen möchten, können Sie das gerne tun. Wenn Sie eigene Gefühle benennen, dann in sachlicher Form und in der Ich-Form ohne Schuldzuweisung („Ich bin enttäuscht, ich bin wütend, ich bin verwirrt, etc ...). Sie können natürlich auch mal kurz die Stimme erheben und emotional sein, aber stellen Sie klar, dass Ihre Argumente sachlich sind, z. B.: „Ich ärgere mich darüber und meine Argumente sind folgende: xx, xy, yz, etc." Wenn man Ihnen Emotionalität vorwirft, kann das entweder ein Trick sein oder eine unbewusste Verdrängungstaktik à la „Wenn sie jetzt wieder nur emotional reagiert, dann muss ich nicht über das Problem nachdenken, denn sie ist sowieso unsachlich." Damit Ihr Gesprächspartner trotzdem im Konfliktgespräch wach bleibt, halten Sie dem Esel eine Möhre vor die Nase: die Versöhnung.

---

* Peter Modler, Das Arroganz-Prinzip – sehr empfehlenswertes Buch!

Übung „Der Sprung in der Schallplatte"

Der Sprung in der Schallplatte steht für die ständige Wiederholung dessen, was Ihnen wichtig ist und das Sie sich durch nichts von Ihrem Ziel abbringen lassen.

Wenn Ihr Gegenüber versucht, Sie rhetorisch von Äpfeln auf Birnen zu bringen oder vom Hölzchen aufs Stöckchen oder einen pseudowichtigen Nebenkriegsschauplatz eröffnet, dann schalten Sie stur und freundlich Ihre eigene Schallplatte auf Sprung und wiederholen immer wieder Ihr Anliegen in neutral-freundlichem Ton. Wenn es Ihnen schwerfällt, dabei nicht genervt, sarkastisch oder emotional zu klingen, dann machen Sie schnell noch die anschließende Anti-Groll-Übung. Aber mit ständiger neutral-freundlicher Wiederholung des Anliegens kommen bereits Kinder meist zu dem, was sie möchten (Beispiel: „Papa, bekomme ich ein Eis? Bekomme ich ein Eis? Ein Eis? Warum nicht? Bekomme ich ein Eis? Darf ich bitte ein Eis haben? Papa, bitte ein Eis?") Das klappt auch bei Erwachsenen wunderbar, selbst wenn Sie Ihr „Eis" nicht bekommen, dann hat zumindest Ihr Gegenüber die Wichtigkeit Ihres Anliegens hinreichend verstanden und entweder, Sie bekommen dann in der Zukunft doch irgendwann Ihr „Eis" oder zumindest mehr Aufmerksamkeit und Respekt bei anderen Anliegen.

Wenn Sie sich ärgern und nicht möchten, dass man Ihnen das anhört oder anmerkt, dann machen Sie die folgende Anti-Groll-Übung.

Übung Anti-Groll

Bei nicht direkter Anwesenheit des Gesprächspartners oder des Ärgernisses

Gehen Sie hinaus frische Luft schnappen und tief durchatmen oder machen Sie Sport, stampfen Sie in die Erde oder treten Sie in einen Sandkasten. Sie können auch in einen Boxsack schlagen oder in ein Kissen hauen und wild tanzen. Egal, was Ihnen hilft, es ist gut, bei Ärger und Groll irgendetwas Körperliches zu tun, um die Wut erst einmal loszuwerden oder kleiner zu bekommen.

Bei direkter Anwesenheit des Gesprächspartners oder des Ärgernisses, wenn Ihnen eine körperliche Auszeit in diesem Fall zeitlich und räumlich möglich wäre

Sagen Sie Ihrem Gesprächspartner, dass Sie kurz eine kleine Auszeit oder Bedenkzeit brauchen. Dann gehen Sie einmal um den Block und spulen das Programm einen Punkt drüber ab oder Sie gehen kurz in die Toilettenräume und lassen kaltes Wasser über die Handgelenke laufen und betupfen die Schläfen (der Kälteschock reißt einen aus der glühenden Wut und lässt wieder klarer denken). Sie können aber auch gegen die Toilettentür treten, wenn es Ihnen hilft, Ihre Wut und Ihren Groll abzubauen oder schneiden Sie Grimassen vor dem Spiegel schneiden.

Bei direkter Anwesenheit des Gesprächspartners oder des Ärgernisses, wenn Ihnen eine körperliche Auszeit zeitlich und räumlich nicht möglich ist

Sagen Sie zu Ihrem Gegenüber: „Ich bin gerade furchtbar wütend und brauche kurz ein bisschen Zeit, um mich zu sammeln", und dann *nur noch denken,* nichts sagen.

Und natürlich ist es sehr, sehr schwer, diese Selbstdisziplin aufzubringen, natürlich würde es in diesem Moment viel mehr Spaß machen, herumzutoben und dem Gegenüber mal die Meinung zu geigen, was einfach mal gesagt werden muss.

Aber nach Ihrem Wut-Ausbruch ist es dann vielleicht zu spät. Dann sind eventuell die Verletzungen zu groß und es wurden Dinge gesagt, die man nicht sagen wollte oder die falsch verstanden wurden und man kann sie nicht vergessen machen.

Was mir persönlich immer sehr gut hilft, meinen Groll zu überwinden

Stellen Sie sich einen virtuellen Gegenstand vor, der Ihre Wut symbolisiert. Ich stelle mir immer gerne einen Feuerball vor, Teilnehmer haben mir auch von kleinen Bomben oder großen grauen Wolken erzählt, die Ihnen vor Augen stehen. Egal, was Sie sich vorstellen, Sie müssen diesen virtuellen Gegenstand zur Seite legen können. Das ist nämlich der Trick:

Legen Sie Ihre Wut beiseite! Nicht den Groll hinunterschlucken, davon wird man langfristig krank! Den Ärger einfach an die Seite legen, so dass Sie ihn später wieder hervorholen können. Das ist wichtig.

Und dann bleiben Sie gelassen und reagieren sachlich oder höchstens mit „Ich fühle mich"-Sätzen wie „Ich bin verärgert...", „Ich bin traurig...", „Ich bin verwirrt...", etc.

Sobald das Konfliktgespräch vorbei ist und der Kontrahent nicht mehr in Hörweite, holen Sie die Wut wieder hervor! Jetzt können Sie wie oben beschrieben, diese entweder körperlich austoben und auflösen oder – was nach meiner Erfahrung noch viel hilfreicher ist – einem Drittem davon erzählen! Ich rufe in solchen Fällen immer gerne meine Schwester an, von der ich weiß, dass sie mir in fast allem beipflichtet und ähnlich denkt. Da weiß ich eine geliebte Person sicher auf meiner Seite. Es kann auch eine Freundin sein oder der Lieblings-Arbeitskollege oder wer auch immer Ihnen einfällt, dass er Ihre Wut und deren Ursache sicher versteht und Ihnen beipflichten wird. Gut ist es, möglichst immer die gleichen Ansprechpartner zu haben, denen man von den ärgerlichen Ereignissen erzählen kann, denn allein der Gedanke daran, dass Sie gleich nach diesem gerade stattfindenden Gespräch Ihren Groll jemandem berichten können, den Sie mögen, hilft Ihnen die Wut auch wirklich beiseiteschieben zu können. Sie können auch bei jedem Sie noch mehr ärgernden Argument Ihres Gegenübers bei sich eine innere Aufzählung machen: Und das auch noch – wie schön, da habe ich noch mehr zu erzählen! Nach meiner Erfahrung und dem zahlreichen Feedback ehemaliger Teilnehmer und Coachees kommt man nach einer Weile Wut-kurz-zur-Seite-legen-Trainings sogar nicht nur in eine große Gelassenheit im Konfliktgespräch, sondern sogar teilweise in eine fast fröhliche, freundliche Stimmung, weil man sich innerlich gerade diebisch freut und bereits vorstellt, wie man all diese Ungeheuerlichkeiten, die man da gerade erlebt, jemand anderem berichten wird. Das wird ein Fest des Lästerns! (Auch wenn Lästern natürlich eigentlich verpönt ist, tun es doch alle! Männer wie Frauen schenken sich da nicht viel. Und wenn es dem guten Zweck dient, eine berufliche Situation zu entschärfen und Emotionalität nur taktisch einsetzen zu können und nicht wehrlos seiner Emotionalität ausgeliefert zu sein und nur noch reagieren und falsch reagieren zu können, dann ist Lästern durchaus erlaubt!)

Einen schönen Tipp habe ich mal in diesem Zusammenhang von einem Kollegen bekommen. Er riet mir, in Fällen, in denen ich mich immer mehr in die Wut reinsteigern würde, mir vorzustellen, dass ich auf einem Wut-Pferd galoppiere. Und sobald mir dieses Bild bewusst würde, solle ich versuchen, gedanklich einfach vom Wut-Pferd abzusteigen und auf ein anderes Pferd zu steigen. Zum Beispiel mein Business-Pferd, auf dem mich nichts persönlich emotional treffen kann – und wenn das Gespräch vorbei wäre, dann könnte ich ja wieder auf mein Wut-Pferd springen und weitergaloppieren. Ich habe es ausprobiert und festgestellt, dass es mir sogar abends hilft, wenn mir beim Einschlafen etwas Ärgerliches vom Tag durch den Kopf geht, dann stelle ich mir vor: „Ach, das Wut-Pferd kommt jetzt in den Stall, ich steige jetzt lieber aufs gemütliche Schlaf-Pferd und denke mir schöne Träume aus." Es funktioniert! Allerdings braucht es eine Weile Übung!

Wenn Sie dazu neigen sollten, dass Ihnen bei Ärger und Wut schnell die Tränen kommen, hadern Sie nicht mit sich, das geht vielen so, auch männliche Teilnehmer haben mir das schon gestanden. Dagegen hilft, in dem Moment, wo man spürt, jetzt kommen gleich die Tränen, sofort daran zu denken, das Abc rückwärts aufzusagen.

Also: „Z, Y, X, W, U, ach nee, erst V, dann U" – und so kommen Sie spontan in eine andere körperliche Konzentration und die Tränen ziehen sich zurück. (Sollten Sie zu den wenigen Menschen gehören, die wie am Schnürchen das Abc rückwärts aufsagen können, dann versuchen Sie es mit der Primzahlen-Aufzählung. Wichtig ist nur, dass Sie immer das Gleiche machen, wenn die Wut kommt, damit das körperliche Ablenken zu Ihrer eigenen Routine wird.)

Um den Gesprächs-, vor allem den Konfliktpartner aus seiner Wut, seinem Ärger-Modus herauszubekommen, hat sich die Metaebenen-Übung sehr bewährt.

Übung Metaebene

Wenn alle Versuche, sich selbst oder den Gesprächspartner zu beruhigen, fehlschlagen, hilft es, den anderen auf die sogenannte Metaebene einzuladen. So bezeichnet man es, wenn man den anderen dazu einlädt, das Gespräch von außen zu betrachten. Stellen Sie sich ein Kasperle-Theater vor, das Sie mit Ihrem Gesprächspartner gemeinsam von oben betrachten. Sie und Ihr Gesprächspartner sind die Kasperle-Figuren, deren Konfliktgespräch Sie beide jetzt von außen analysieren, als wären Sie neutrale Beobachter. Betrachten Sie beide Ihr Konfliktgespräch nun von außen und gehen Sie gemeinsam die Etappen rückwärts, bis Sie an den Punkt kommen, an dem es eskaliert ist. Bei dem setzen Sie wieder ein – jetzt gleich oder nach einer kleinen Auszeit zur Beruhigung. Schauen Sie, ob Argumente unsachlich waren, ob Beleidigungen überwogen oder andere Punkte das Gesprächsniveau so beeinflusst haben, dass es in emotionaler Schreierei endete.

Ein weiteres hilfreiches Bild, um sich selbst und sein Gegenüber auf die rhetorische Metaebene zu hieven, ist nach vielen positiven Feedbacks von Seminarteilnehmern, die Übung Friedenspfeife.

Übung Friedenspfeife

Stellen Sie sich vor, der Konfliktpunkt, wir stellen uns ihn jetzt mal als Feuerball vor, steht im Raum. Normalerweise empfindet man diesen Feuerball als zwischen einem selbst und dem Gegenüber lodernd, am Anfang vielleicht in der Größe eines Fußballes und je höher der Konflikt kocht, desto größer wird der Feuerball und desto heißer lodern die Flammen. Irgendwann können Sie und Ihr Gegenüber sich gar nicht mehr sehen, sondern nur noch den Feuerball an sich. Wenn Sie an diesem Punkt sind, dann können Sie rein objektiv gar nicht mehr sachlich argumentieren und den Konflikt aus der Welt schaffen, da Sie ja Ihr Gegenüber nicht mehr sehen, sondern nur noch den Konflikt-Feuerball.

Jetzt stellen wir uns die gleiche Ausgangssituation vor, noch hat der Konflikt-Feuerball die Größe eines Fußballs und wir können das Gegenüber sehen.

Wenn wir jetzt einfach Schulter an Schulter neben unser Gegenüber treten und ihm die Friedenpfeife reichen und gemeinsam aus der gleichen Perspektive den Konflikt-Feuerball betrachten, ganz abstrakt mit dem gemeinsamen Gedanken: „Aha, ein Konflikt-Feuerball, den sehen wir jetzt gemeinsam. Ich aus der Perspektive meines Gegenübers und mein Gegenüber aus meiner Perspektive und wir rauchen zusammen beim Betrachten die Friedenspfeife. Interessant, dieser Feuerball. Die Aufgabe ist also, gemeinsam den Konflikt-Feuerball zum Erlöschen zu bringen, ohne dass sich einer von uns verbrennt." Wenn Sie es schaffen, so zu denken, dann wenden Sie de facto das Harvard-Prinzip an, das als Hauptaufgabe vorsieht, Konflikte immer sachlich zu sehen und nicht persönlich zu nehmen. Wenn Sie es nun schaffen, dass Ihr Gegenüber die angebotene Friedenspfeife auch annimmt und mit Ihnen gemeinsam den Konflikt-Feuerball löscht, werden Sie sehen, dass Sie ab diesem Moment mehr Spaß am Löschen haben werden als am Entfachen eines noch größeren Konflikt-Feuerballs.

Keiner ist wirklich objektiv. „Der Pfeil des anderen wird immer viel stärker wahrgenommen als der eigene, auch wenn wir mit gleicher Kraft schießen.", sagt Werner Schienle.*
Behalten Sie dieses natürliche gefühlte Ungleichgewicht im Hinterkopf und seien Sie weniger hart, als Sie sein möchten. Ihre Worte haben im Konflikt meist mehr Wirkung, und vor allem Nachwirkungen, als Sie eigentlich beabsichtigt haben.

Das goldene Ziel eines Konflikts ist immer die konstruktive Lösung für die Zukunft. Deswegen hat es mir und vielen meiner Teilnehmer und Coachees bereits geholfen, morgens und abends folgenden Satz zu verinnerlichen:

Wir streiten heute, um morgen positiv zu verändern.

Nicht damit wir uns endlos für Vergangenes im Gestern rächen.

Viele Frauen neigen dazu, sich mit Vorwürfen in der Vergangenheit aufzuhalten und sich darin zu ergehen, immer noch mehr zu finden. Das Ergebnis eines solchen Konfliktvorgehens ist, dass sich in der Zukunft das Ganze wiederholen wird und ihr Groll und Frust immer weiter steigt. Aber möchten Sie wirklich die nächsten zwanzig Jahre immer über die gleichen Themen streiten?

Eigentlich möchten Sie doch, dass die Zukunft schöner wird, als es gerade im Konfliktmoment ist. Um das zu erreichen, versuchen Sie immer im Hier und Jetzt zu streiten und eine realistische Lösung für die Zukunft zu finden.

Nehmen Sie pro Konflikt nur einen einzigen Minus-Punkt aus der Vergangenheit zur Hilfe, machen Sie bitte nicht das ganze Fass auf, auch wenn es Sie noch so sehr dazu verlockt.

Das ganze Fass aufzumachen macht zwar in diesem Moment Spaß und es tut auch wirklich endlich gut, mal alles aufzuzählen, was Sie Ihrem Gegenüber schon lange mal sagen wollten, aber versetzen Sie sich mal in das Innere Ihres

---

* Werner Schienle in Karriere, Nr. 90, 9. Mai 2008, S. 15

Gegenübers. Was soll er auf diese vielen Punkte antworten? Wie soll er wissen, welcher Vorwurf Priorität hat? Und wenn er als Mann in der Jungenspielgruppe kommunikativ groß geworden ist: Wie soll er sich diese ganzen Punkte merken? Und dann noch, wenn sie zusätzlich von dem schlimmen Geräusch untermalt werden?*

Sie werden in den seltensten Fällen erleben, dass Ihr Gegenüber sagt: „Ja stimmt, ich bin schuldig in allen Punkten, habe genau zugehört und werde zusehen, dass das alles nie wieder vorkommt." Und wie soll er das auch sagen können, wenn Sie ihn mit zu vielen Vorwürfen überhäufen. Deshalb versuchen Sie am besten, sich selbst zu disziplinieren und immer nur einen, höchstens zwei Streitpunkte anzusprechen und diese dann dem goldenen Ziel der konstruktiven Lösung für die Zukunft zuzuführen.

Sollte Ihr Gesprächspartner Ihnen gegenüber überraschenderweise sofort seine alleinige Schuld an allen Punkten zugeben und Ihnen Besserung geloben, dann werden Sie hellhörig.

Das ist in den meisten Fällen eine Taktik, um schnell zum Ende zu kommen. Es handelt sich dann um Lippenbekenntnisse und in Zukunft wird sich dann nichts ändern.

Vorsicht ist also geboten, wenn das Gespräch zu glatt verläuft und zu schnell ein schnelles Schuldeingeständnis kommt.

Es fällt zwar schwer, so überlegt zu kommunizieren, wenn wir gerade stinksauer sind, aber versuchen Sie, auf Boshaftigkeit, Zynismus und Sarkasmus zu verzichten und ihr Gegenüber ausreden zu lassen. Wenn Sie wirklich Ihr Gegenüber zu Ende reden lassen, bringt das Ruhe ins Gespräch und lässt auch vermeintliche Missverständnisse im Voraus verpuffen. Letztendlich bereiten Sie damit den Boden für eine angenehmere Zukunft – Ihre eigene angenehmere Zukunft!

---

* s. Kapitel 4

Schritt 10: Argumentieren, Zuhören, Verstehen

Wie finde und vertrete ich meine Argumente wirksam?

Argumente sind die Grundlage jedes vernünftigen Konflikts. Ob wir selber unzufrieden sind oder der andere, wir brauchen gute Argumente, um einen konstruktiven Streit zu führen.

Jeder von uns kennt das: Die richtigen, guten Argumente fallen einem oft erst Stunden später nach dem Konfliktgespräch ein. Oder selbst wenn Ihnen tatsächlich mal viele überzeugende Fakten zur rechten Zeit eingefallen sind, konnten Sie sich gegen ihr Gegenüber dann doch nicht rhetorisch und praktisch durchsetzen. Das kann an mangelndem Zuhören oder Missverständnissen liegen. Egal, ob Sie gute oder nicht so gute Argumente in dem Konflikt haben, das Wichtigste ist, dass Sie Ihr Gegenüber zum echten Zuhören bringen und den Konflikt besänftigen und auf eine sachlichere Ebene bringen.

Das Wichtigste beim Argumentieren ist es, das Gegenüber auf eine gemeinsame Ebene zu bringen, auf der Argumente überhaupt gehört werden.

Zunächst überlegen wir uns – soweit es möglich ist – in Ruhe unsere eigene Antwort auf die Frage, ob es überhaupt das Wichtigste ist, im Konfliktgespräch das bessere und schlagfertigere Argument zu haben:

Was wäre der Sieg in diesem Fall wert? Wenn unser Gegenüber aus Trotz nicht überzeugt ist, wenn ein Mann Gesichtsverlust fühlt, wenn eine Frau Liebesverlust fühlt, wenn unser Gegenüber sich unterlegen fühlt, dann ist unser Sieg langfristig nichts wert.

Keine Frau bekommt in der Partnerschaft und auch im Geschäftsleben einen Orden von einem Mann, weil sie so toll schlagfertig war und so treffende Argumente hatte.

Keinem Mann wird von Frauen im Business und im Privatleben verziehen, wenn er versucht hat, ein Gespräch möglichst schnell mit Totschlagargumenten zu beenden. Zumindest nicht in einem Konflikt, in dem es um etwas geht. Im lustigen Flirt-Geplänkel, da wirken Schlagfertigkeit und gute Argumente bezaubernd oder eine rhetorische Standfestigkeit männlich anziehend, im echten Konfliktfall nicht. Am Ende eines Konflikts wartet nicht das Siegertreppchen, sondern das Ziel ist die Versöhnung und nachhaltige Veränderung der Situation zum Wohle beider.

Eine Versöhnung kann mit Argumenten klug eingeleitet werden:

Es gibt diesen schönen Satz: „Wer fragt, führt." Im normalen Gespräch wie im Konfliktgespräch kann durch Fragen die Führung übernommen werden. Die Fragen müssen nicht intelligent oder durchdacht sein. Am besten eignen sich W-Fragen, also: warum, wie, wann, wo, wer, weshalb, etc.

Einfach fragen, was gerade passt oder was Ihnen gerade in den Sinn kommt: „Warum ist das so? Wieso empfinden Sie das so? Warum meinen Sie, ich rede gerade Unsinn?" Jetzt muss der andere Stellung beziehen. Wenn Sie das Gefühl haben, dass der andere einfach nur seinen allgemeinen Ärger bei Ihnen abladen möchte oder seine Macht behaupten will, thematisieren sie es. Am besten mit neutraler Stimme und mit Ich-fühle-Sätzen und vor allem als indirekten Vorwurf:

Also nicht mehr: „Sie sind schuld!"

Sondern: „Ich fühl mich jetzt wirklich schlecht. Wie können wir das ändern?"

Oder: „Ich glaube, hier geht es um etwas ganz anderes als um xxx. Wir machen jetzt am besten eine kurze Pause, gehen beide noch einmal in uns und machen dann da weiter, worum es ursprünglich ging / worum es wirklich geht / wo wir stehen geblieben waren / etc."

Nun fällt es Ihnen als Männerversteherin und Frauenflüsterer leichter, Ihre Argumente selbst zu finden und auch selbstbewusst zu vertreten.

Argumentieren, wie geht das?

Oft fühlen wir uns im Streit ohnmächtig gegen die Worte und Anschuldigungen des Gegenübers. Es gilt, einen kühlen Kopf zu behalten und sich das richtige Argumentieren nach und nach selbst anzutrainieren.

Im besten Fall können Sie sich gute Argumente im Voraus überlegen. Als Training überlegen Sie sich am besten zu typischen Konfliktsituationen schon mal generelle Argumente, die Sie für sich strukturieren und anschaulich mit Anekdoten und Metaphern bebildern. Fragen Sie sich zunächst selbst nach Gründen, z.B.: Warum funktioniert das Ihrer Ansicht nach nicht? Wann genau funktioniert das nicht? Wenn dann die Antwort Sie nicht befriedigt, bringen Sie ein Gegenbeispiel, warum es doch geht. Damit ist die Verallgemeinerung automatisch widerlegt. Im schlechtesten Fall und häufig genug trifft Sie der Konflikt aus heiterem Himmel und Sie können sich keine Argumente im Voraus überlegen, sondern nur noch reagieren.

Für diesen Fall hilft aber auch ein tägliches Gehirnjoggingtraining, um etwas schlagfertiger zu werden. Als ich noch als Hochschul-Debattiererin auf internationale Turniere gefahren bin, haben wir uns auf die erhöhte Beanspruchung unseres Gehirns und unserer Schlagfertigkeit mit einfachen Übungen vorbereitet. Ich kann aus meiner Erfahrung und der meines Umfelds sagen, es klappt wirklich! Man wird nicht unbedingt so witzig und schlagfertig wie ein darin naturtalentierter Mensch, aber wenn man täglich im Training bleibt, fällt einem plötzlich in jeder Situation schnell etwas Passendes ein. Und sei es nur, dass man schlagfertig schweigt, weil es gerade die beste Reaktion ist oder um Bedenkzeit bittet. Beides sind auch Schlagfertigkeitstechniken, denn die meisten schweigen in plötzlichen Konfliktsituationen entweder betreten, wo sie besser etwas Schlagfertiges erwidert hätten oder fangen sofort an, sich zu rechtfertigen, obwohl sie gar nicht schuld sind.

Übung „Schlagfertigkeitstraining für jeden Tag"

Nicht provozieren lassen

Wenn gar keine Argumente mehr helfen, können Sie sich folgenden Trick bei vielen Männern abschauen, die diesen im Jungengruppenspiel bereits erlernt haben: SABTU (souveränes Auftreten bei totaler Unwissenheit). Tun Sie einfach so, als hätten Sie Argumente. Manchmal reicht das. Oder benutzen Sie die besonderen Tricks aus der Mädchen-Zweiergruppen-spiel-Zeit, um im Konfliktfall wieder Nähe zum Gegenüber aufzubauen und ihm damit ein bisschen den Wind aus den Segeln zu nehmen:

Sprechen Sie Ihr Gegenüber beim Argumentieren mit Namen an

Durch die Ansprache mit seinem Namen fühlt er sich ernst genommen, vielleicht sogar geschmeichelt. Außerdem nehmen Sie nach meiner Erfahrung damit oft die Aggressivität aus seinem Ton.

- Würdigen Sie seine Fragen und Argumente.
- Loben Sie die Fragenstellung.
- Beschäftigen Sie sich ruhig mal solange mit dem Wortlaut seiner Frage, bis Ihnen eine Antwort einfällt, z.B.: „Sie haben das jetzt so und so formuliert, warum?"

Gutes Argumentieren funktioniert meist mit soften rhetorischen Techniken

- Wenn Sie zum Beispiel Gegenfragen stellen, reagieren Sie nicht nur, sondern werden selbst aktiv. Dies wirkt selbstbewusst und souverän.
- Sie müssen auch nicht jede Frage Ihres Gegenübers sofort beantworten. Sie können auch sagen „Moooment mal" oder „Um Ihre Frage zu beantworten", so haben Sie schon wieder etwas Zeit zum Nachdenken gewonnen.
- Ein guter Trick ist es auch, die Frage auf später zu verschieben und zu sagen: „Zunächst erscheint mir etwas anderes wichtiger."
- Nehmen Sie sich auch ruhig mal die Zeit zum Überlegen der Antwort: Schweigen Sie ruhig einmal einige Sekunden. Ihr Gegenüber wird dann vielleicht sogar etwas nervös, auf jeden Fall ist er aber eher bereit als vorher, Ihnen zuzuhören.

- Zeigen Sie Verständnis. Gut wirkt es auch, öfters Ihre eigene Kompromissbereitschaft anzudeuten. Sie zeigen damit Größe und zwingen Ihr Gegenüber indirekt ebenfalls zu Kompromissbereitschaft.
- Sprechen Sie bildhaft und einfach. Kurze Sätze sind das Geheimnis jeder konstruktiven Lösung. Auch die Sprache in Bildern ist besser als die in hochkomplizierten technischen Ausdrücken.
- Stellen Sie viele Fragen und führen Sie keine Monologe.
- Halten Sie keine Rechtfertigungsarien.
- Lassen Sie sich die Fragen, die Sie stellen, möglichst schnell vom Partner beantworten oder in einer von Ihnen gemeinsam vereinbarten Zeit.
- Mit Fragen im neutralen Ton entspannen Sie als Männerversteherin und Frauenflüsterer jede eskalierende Konflikt-Situation. Beim geschickten Argumentieren haben die Frage und das Schweigen mindestens den gleichen Stellenwert wie der Inhalt des bloßen Gegenarguments.

Ist Schweigen ein gutes Argument?

> „Zwei Jahre braucht der Mensch, um das Sprechen, ein Leben lang, um das Schweigen zu lernen."
> — *Ernest Hemingway*

Nur 200 Millisekunden benötigt der Mensch, um die Syntax eines Satzes zu verstehen. Genau doppelt so lange, nämlich 400 Millisekunden, braucht er, um die Bedeutung der Wörter zu verarbeiten. Daher gilt: Lassen Sie sich Zeit beim Sprechen. Bauen Sie öfters eine Pause ein. Mit einer Pause geben Sie Ihren Zuhören die Möglichkeit, über das, was Sie vorgetragen haben, kurz nachzudenken. Anschließend ist es für Ihr Gegenüber einfacher, Ihnen zu folgen. Durch eine Pause ziehen Sie die Aufmerksamkeit des Gegenübers auf sich. Auch wenn es zwischenzeitlich kurz unangenehm im Raum wird – eine kurze, bewusst eingeschaltete Pause strahlt eine ruhige Gelassenheit aus. Starren Sie Ihren Gesprächspartner nicht an, während Sie schweigen. Dies würde auf ihn zu bedrohlich wirken. Blicken Sie in den Raum, und vermitteln Sie den Eindruck, als würden Sie über das soeben Geäußerte tief nachdenken. Ihr Gesprächspartner wird dann meistens noch mehr Informationen nachlegen, als er eigentlich vorhatte.

Viele Männer schweigen im Konfliktfall gerne mal. Es ist eine der drei männlichen Lieblingstaktiken neben brüllen und weglaufen. Das ist im Konfliktfall in der großen Jungenspielgruppe auch oft das einzige, womit man weiterkam. Wenn der kleine Junge die Gruppe nicht verlieren möchte, wenn der kleine Junge möchte, dass das Spiel weitergeht und wenn nicht so viele Zeitfenster für Konflikt eingeplant sind, denn es geht ja im Jungengruppenspiel primär um Gewinnen, nicht um Konfliktlösung. Wie gehen wir als Frau oder Mann nun mit so einem Schweiger um und in welchen Situationen können wir selber Schweigen als Taktik einsetzen?

Sehen Sie das Schweigen Ihres Gegenübers nicht als Erpressung, sondern als Taktik oder Ohnmacht. Und probieren Sie es selbst einmal aus und setzen Sie Schweigen durchaus mal taktisch in einem Konfliktfall ein. Wenn man das Ausschweigen seines Gegenübers nachhaltig unterbrechen möchte, dann schweigen Sie erst mit und sobald Sie nach einer längeren Gesprächspause das Wort ergreifen, liegt der Vorteil bei Ihnen. Der Andere ist froh, dass die Stille beendet ist, und schenkt Ihnen nun umso mehr Aufmerksamkeit und Sympathie. Aber übertreiben Sie Ihr Schweigen nicht. Dies könnte Ihnen gerade im Business als mangelnde Kooperationsbereitschaft angekreidet werden. Generell aber gilt: Durch wohldosiertes Schweigen erfahren Sie oft mehr als durch zu langes Reden.

Gerade Vorgesetzte setzen oft auf taktisches Schweigen, um aus Ihrem Gegenüber Informationen herauszulocken oder um Rechtfertigungen und Zugeständnisse auf sanfte Weise zu erpressen.

Mit diesem Hintergrundwissen lassen Sie Ihrem Gegenüber ein zu langes Schweigen lieber nicht durchgehen, sonst laufen Sie Gefahr, dass er versucht, es auszusitzen oder Sie sanft zu erpressen. Viele Menschen schweigen taktisch in der Hoffnung, dass Sie als Gegenüber resignieren. Es ist eine typische männliche Konfliktlösungstaktik, Probleme einfach wegzuschweigen. Davon werden diese allerdings meist nicht gelöst. Machen Sie Ihrem Gegenüber klar, dass Sie beide sein Schweigen der goldenen langfristigen Lösung von morgen nicht näherbringt. Wenn er sehr lange schweigt, bleiben Sie ruhig und sachlich, lassen Sie sich Ihre Verunsicherung und Ihren Ärger nicht anmerken. Drängen Sie ihn unter keinen Umständen zu früh zum Weiterreden – und respektieren Sie die Denkpausen des anderen. Vielleicht braucht er tatsächlich etwas länger, um Zusammenhänge und ihre Konsequenzen zu verstehen und zu verarbeiten. Wenn Sie aber merken, dass das eine sogar für ihn sehr lange Denkpause wird, dann verabreden Sie mit ihm einen fixen Termin, wann es mit dem Gespräch weitergeht.* Thematisieren Sie das Schweigen als Denkpause, so bleibt Ihrem Gegenüber der Gesichtsverlust erspart, zum Beispiel: „Ich habe das Gefühl, über dieses Thema müssen wir länger nachdenken, lassen Sie uns in einer halben Stunde/heute abend/morgen weiter darüber reden."

Sollten Sie mit der Nichtakzeptanz des Schweigens Ihres Gegenübers als Konfliktlösung ihn zu sehr in seiner Bequemlichkeit behindert haben, kann es sein, dass er als nächste typisch männliche Streitreaktion diese wählt: die Flucht nach vorn, zum Beispiel in ein Totschlagargument.

Was sind Totschlagargumente und wie wehrt man sich dagegen?

Wenn wir auch noch so gut argumentieren können, so gibt es doch eine rhetorische Taktik, der wir uns gegenüber hilflos fühlen: die Totschlagargumente. Aber auch hier kann man trainieren, sich zu wehren.

---

* s. Kapitel 6

Was wir aus dem Kommunikationsalltag gerade von deutschen Männern besonders gut kennen: sachlich erscheinen, es aber nicht sein. Aus meinen Seminaren weiß ich, dass viele Frauen, aber auch viele Männer unter den sogenannten Totschlagargumenten leiden und sich ohnmächtig an die Wand geredet fühlen.

Die sogenannten Totschlagargumente wirken zunächst wie sachliche Argumente, haben aber eine Struktur, die eine Sachlichkeit ausschließt. Diese Struktur bleibt oft beiden Gesprächspartnern im Gespräch verborgen. Ein scheinbar sachliches Argument wird als solches missverstanden und das Gegenüber wundert sich, dass ihm nichts Sachliches dazu einfällt. Das kann gut gehen, kann aber auch schnell nach hinten losgehen und der andere fühlt sich vom Totschlagargument überrumpelt. Wenn Sie diese Situation kennen und sich von Totschlagargumenten oft überfordert fühlen, können Sie etwas dagegen tun.

Der erste Schritt ist, ein Totschlagargument als solches überhaupt zu erkennen. Wenn ich mich sprachlos fühle, aber dennoch im Recht, könnte es sein, dass ich mit einem Totschlagargument zu tun habe. Oder wenn mir Vorwürfe vom Gegenüber gemacht werden, die berechtigt und fundiert klingen, ich mich aber eigentlich wirklich nicht schuldig fühle, dann könnte es ein Totschlagargument sein. Oder auch, wenn mir persönlich eine Eigenschaft vorgeworfen wird, die kein Argument für die Konfliktsituation ist, so wie mein Alter, meine Nationalität oder meine Erfahrung, dann könnte es sich auch um ein Totschlagargument handeln.

Der zweite Schritt ist, dass wir dem Gesprächspartner auch den Wind aus den Segeln nehmen, wenn wir uns konzentrieren und uns nicht von unseren Emotionen überrennen lassen oder betreten schweigen.

Wenn unser Gegenüber nun ein Totschlagargument verwendet, dann dürfen wir uns nicht mit dem Ärger über unsere Sprachlosigkeit aufhalten, sondern sollten das Argument ganz schnell als solches identifizieren und es abwehren.

Totschlagargumente sind keine sachlichen Erwiderungen, sondern sprechen dem Gegenüber die Kompetenz ab.

Beispiele

- „Das können Sie nicht sehen, da fehlt Ihnen die Erfahrung."
- „Das haben wir schon immer so gemacht und es hat immer funktioniert."
- „Der Soundso hat das dann und dann gesagt und das finde ich auch."
- „Sie drehen und wenden alles so, wie Sie es brauchen."
- „Das ist nicht die Frage. Sie müssen die Frage so stellen: ..."

Wenn Sie sich jetzt rechtfertigen und verteidigen, können Sie nur verlieren. Dieser Weg führt unweigerlich dazu, dass Sie sich dann auch als rhetorischer Verlierer fühlen.*

Das ist strategisch ungünstig. Unsere Selbstverteidigung gesteht dem anderen indirekt das Recht zu, uns anzugreifen. Diese Chance zum Angriff wird vom Gesprächspartner oft ausgenutzt, teilweise sogar unbewusst.

Diesem Verhalten muss von Anfang an Einhalt geboten werden. Wenn Sie auf Augenhöhe bleiben und im Gespräch mitbestimmen wollen, dürfen Sie nicht rechtfertigend gesprächstechnisch hinterherrennen.

Bis das richtige Verhalten sitzt und bis man es endgültig geschafft hat, Totschlagargumente sofort zu erkennen, dauert es eine Weile. Es dauert sogar noch länger, bis man sie neutralisieren kann. Haben Sie mit sich Geduld und verlieren Sie nicht den Mut nach ersten Rückschlägen. Denn nur mit langem Training bekommen wir die vom Gesprächspartner oft lebenslang geübte unfaire Diskussionsführung mit Hilfe von Totschlagargumenten in den Griff. Meine jahrelange Seminarerfahrung und der nachhaltige Kontakt mit ehemaligen Teilnehmern haben mir bewiesen, dass es sich nachhaltig lohnt, den Umgang mit Totschlag-

---

*   s. Kapitel 9

argumenten zu trainieren und dass damit das Verhandeln in privaten und geschäftlichen Situationen langfristig eine neue Qualität bekommt.

Übung – Umgang mit Totschlagargumenten

Statt sich selbst zu verteidigen, zwingen Sie Ihr Gegenüber, sich selbst zu verteidigen. Das geht ganz einfach: Nehmen Sie alles wörtlich! Stellen Sie sich leicht naiv und stellen Sie eine Rückfrage, so als würden Sie das Totschlagargument ganz ernst nehmen und es gerne beantworten, aber vorher um erläuternde Erklärung bitten. In manchen Situationen hilft auch manipulierende Körpersprache wie dieser Trick: Stellen Sie dabei ruhig den Kopf ein bisschen schräg und blinzeln Sie nach oben und stellen Sie dann trotzdem mit normaler fester Stimme Fragen wie:

- „Welche Erfahrung brauch ich denn, um es richtig sehen zu können?"
- „Wann genau haben Sie das denn so gemacht? Wie hat es denn funktioniert? Was spricht dagegen, es einmal für einen begrenzten Zeitraum anders auszuprobieren?"
- „In welchem Zusammenhang hat denn der Soundso das gesagt? Und inwiefern passt das jetzt zu unserem Problem?"
- „Warum haben Sie das Gefühl, dass ich immer alles drehe und wende? Wo konkret?"
- „Warum darf ich die Frage nicht so stellen?"

Nach Ihrer Frage gestehen Sie Ihrem Gegenüber zu, sich zu verteidigen und hören Sie dieser Verteidigung konzentriert und ernsthaft zu. Stellen Sie die Rückfrage auf keinen Fall in einem zynischen oder ironischen Tonfall. Das wäre kontraproduktiv, denn Sie wollen doch Ihr Gegenüber erfolgreich dazu bringen, sein Totschlagargument aufzugeben und dabei ist es wichtig, dass er das Gefühl hat, Sie nehmen ihn ernst, so ernst, dass Sie sich sogar für den Inhalt seines Totschlagarguments interessieren. Gerade im Business können Sie auf diese Weise Totschlagargumente, egal welchen Typs, wunderbar neutralisieren.

Aufgrund der Reaktion auf Ihre vermeintlich ernste Rückfrage, können Sie einschätzen, ob es ein bewusst oder unbewusst eingesetztes Totschlagargument von der anderen Seite war.

Falls Ihr Gesprächspartner ins Stottern kommt, wollte er Sie wahrscheinlich bewusst mundtot machen. Hier bleiben Sie einfach ernst und lassen ihn vor sich hin rechtfertigen. Das können Sie nun innerlich genießen, bis Sie die Gesprächsführung wieder übernehmen.

Wenn Ihr Gesprächspartner Ihnen dagegen eine wirklich sachliche Begründung für sein Totschlagargument geben konnte, haben Sie durch den verzögerten Gesprächsverlauf und die Erläuterung des Totschlagarguments inzwischen genug Zeit gewonnen, um ohne Rechtfertigung Ihrerseits weiter zu diskutieren. Sie wissen jetzt, um was es geht und haben aus dem Totschlagargument ein richtiges Argument entwickelt, zu dem Sie ein Gegenargument finden können. Oder Sie haben die Zeit gehabt, sich zu sammeln und souverän um Bedenkzeit zu bitten.

Falls Ihr Gesprächspartner eine Antwort gibt, die Sie inhaltlich aufs Glatteis führen könnte, sagen Sie: „Vielen Dank, das klingt sehr wichtig. Darüber werde ich nachdenken und mich bei Ihnen zeitnah melden. Lassen Sie uns jetzt über den nächsten Punkt reden."

Egal, wie Ihr Gesprächspartner reagiert: Er muss Sie jetzt auch ernst nehmen und kann Sie nicht weiterhin rhetorisch abkanzln. Sollte er das dennoch nochmals versuchen, etwa mit einem neuen Totschlagargument, sagen Sie ihm ganz ruhig und ernst: „Ich kann und muss nicht alles wissen. Wir haben hier ein Problem, und das würde ich gerne mit Ihnen zusammen lösen. Und das können wir, das weiß ich." Zur Not sagen Sie ihm, dass er bitte die Nebenkriegsschauplätze verlassen und wieder zum Ausgangspunkt kommen soll.* Wenn Ihr Gegenüber das nicht versteht oder so tut, als ob er es nicht versteht, dann können Sie auch

---

* s. Übung „Der Sprung in der Schallplatte"

den Terminvereinbarungstrick anwenden: Bitten Sie ihn um eine Gesprächspause. Die Pause gibt Ihnen selbst Gelegenheit, sich wieder zu beruhigen, Argumente zu sammeln und bei Gesprächswiederaufnahme ab dem Ausgangspunkt weiter zu diskutieren, so holen Sie sich Ihren Respekt spätestens dann wieder zurück.

Wie bringe ich andere dazu, mir zu folgen?
Wie bereits im Vorwort erwähnt, geht es mir in keinem Fall darum, dass Männer und Frauen ihren Sprachstil in Zukunft ändern oder anpassen, denn dann wirken sie nicht mehr authentisch und man selbst weiß ja von sich oft gar nicht, ob man nicht vielleicht doch ein Mischtyp ist und wenn ja, mit welchen Ausprägungen konkret.

Es hilft enorm in der eigenen Kommunikation, wenn man dem Gegenüber einfach neutral zuhört, ihn für sich einordnet und dann so mit ihm spricht, wie er es versteht.

Ich fasse einmal die Erkenntnisse aus dem ersten Kapitel zusammen:

Das männliche Kommunikationsmodell	**Das weibliche Kommunikationsmodell**
• orientiert am größeren Gruppenspiel	• Vier-Augen-Gespräch wichtig
• ziel-orientiert	• harmonie-orientiert
• gewinn-orientiert	• Gewinn ist gute Atmosphäre
• zeitlich begrenzt	• Nachhaltigkeit sichernd
	• mit jedem auf Augenhöhe

Der männliche Sprachstil zielt auf Durchsetzung ab, der weibliche Sprachstil zielt auf Sympathie ab.

Der männliche Sprachstil, den ein sehr männlich kommunizierender Mann als kleiner Junge eingeübt hat, verhält sich jedem Gegenüber so, als würde er entweder in der eigenen Mannschaft oder in der gegnerischen Mannschaft spielen. Es herrscht eine direkte Sprache oder Schweigen. Und wenn gesprochen wird, auch wenn es nur ein Gegenüber gibt, klingt es oft so, als würde der Mann zu einem größeren Publikum sprechen. (Manche dozieren richtiggehend, und sei es über so banale Themen wie den Abwasch oder eine Briefmarke aufzukleben – alles klingt gleich gewichtig und wie auf einem Vortrag.)

Der weibliche Sprachstil dagegen, den eine sehr weiblich kommunizierende Frau als kleines Mädchen eingeübt hat, versucht dem Gegenüber, auch vor größeren Gruppen, das Gefühl eines intimen, vertrauten Vier-Augen-Gesprächs zu geben. Dieser Sprachstil versucht immer eine vertraute, harmonische Zweisamkeit zu erzeugen, sei es auf einem Business-Meeting, sei es in der Partnerschaft, sei es beim spontanen Gespräch mit Fremden in der Toilettenschlange bei einer Großveranstaltung.

Dem weiblichen Sprachstil ist das Reden an sich schon angenehm. Inhalt ist zwar auch oft wichtig, aber das Reden miteinander, egal worüber, hat als Ziel das schöne Harmoniegefühl miteinander, nicht das Redeziel an und für sich.

Dem männlichen Sprachstil dagegen geht es gar nicht um das Reden nur um zu Reden, sondern er will durch die Sprache ein inhaltliches Ziel erreichen. Am Ende des Tages oder des Gesprächs sollte ein Gewinn oder ein Ergebnis oder zumindest die Aussicht darauf feststehen.

Der männliche Sprachstil fühlt sich in jede kommunikative Hierarchiestruktur intuitiv ein und weiß schnell, wo sein Platz ist oder erkämpft sich gezielt durch taktische verbale und non-verbale Rhetorik einen höheren Rang, so wie es der kleine Junge in seinem Gruppenspiel trainiert hat. Es gibt auch bei Menschen mit männlichem Sprachstil meistens kein Problem, sofort Autoritäten anzuerkennen. Viele kleine Jungen haben ja auch im Verein eine Gruppensportart gespielt und einen Trainer gehabt, der die Gruppe trainiert hat oder sie haben als Spielgruppe respektvoll von einem älteren Jungen neue Spielregeln gelernt oder ähnliches. Oder der Mann, der als kleiner Junge bereits in seiner Spielgruppe ein kleiner Alpha war, wird sein ganzes Leben zusehen, dass er wieder eine Gruppe findet, die sich unter ihm schart und andere Alphas bekämpfen oder höchstens aus der Distanz heraus beobachten, um sich ein paar neue Tricks abzuschauen oder die schwachen Seiten des anderen zu studieren, um dann noch gezielter dem anderen den Rang abzujagen.

Der weibliche Sprachstil kommuniziert grundsätzlich auf Augenhöhe. Zu zweit als kleine Mädchen macht es auch gar keinen Spaß, anders zu spielen als auf Augenhöhe – denn wenn das eine Mädchen immer nur bestimmen wollen würde, würde es bald alleine weiterspielen. Allerdings wird diese Eigenschaft des weiblichen Sprachstils vielen Frauen im späteren Business-Leben zum Verhängnis. Sie haben Schwierigkeiten mit Autoritäten oder begegnen diesen auf eine rhetorisch ungeschickte Art und Weise, die berufliche Nachteile mit sich zieht. Menschen mit einem weiblichen Sprachstil haben kein frühkindliches Hierarchietraining hinter sich, daher können sie auch oft die rhetorischen und körpersprachlichen Empfindlichkeiten des Umgangs miteinander in einer Hierarchie nicht erkennen und damit nicht so umgehen, wie es von denen erwartet wird, die von klein auf an Hierarchiekommunikation gewöhnt sind. Die Folge dieses unterschiedlichen frühkindlichen Kommunikationstrainings ist oft, dass Frauen ihren männlichen Kollegen und Chefs rhetorisch gravierende Gesichtsverluste zufügen, dieses nicht merken und sogar erstaunt darüber sind, warum sie ausgegrenzt werden. Die meisten Firmen sind nach wie vor intern hierarchisch strukturiert wie ein Jungengruppenspiel. Das ist für viele Frauen rein kommunikationstechnisch von Nachteil und den meisten ist es nicht mal bewusst.

Das Jungengruppenspiel war immer zeitlich begrenzt, damit man auch Gewinn oder Ergebnis feststellen konnte – so mag es auch der männliche Sprachstil: die Kommunikation zeitlich begrenzt ohne zu viel drumherum. Es geht darum, das Spiel zu gewinnen. Im männlichen Sprachstil wird Kommunikation spielerisch gesehen. Das geht sogar so weit, dass nicht alles Gesagte auch so gemeint wird.

Das häufigste Missverständnis, das daraus resultiert, kennen die meisten von uns:
Ein Mann sagt einer Frau: „Ich rufe morgen an." Die Frau wartet brav auf den Anruf und ist verärgert und verunsichert, weil er nicht kommt. Der Mann wundert sich über die Vorwürfe, die auf ihn einprasseln, denn schließlich hat er ja nur gesagt: „Ich rufe morgen an." – das heißt noch lange nicht, dass das auch morgen sein muss, dass es überhaupt stattfindet oder dass es wichtig ist. Es klingt gut, aber es ist unverbindlich gemeint. Und das wissen Männer untereinander dank ihrer Gruppenspielerfahrung, und Frauen wissen das nicht und nehmen alles grundsätzlich ernst und wörtlich, weil im Zweierspiel nicht spielerisch mit Ankündigungen und Versprechungen umgegangen wird.
Der weibliche Sprachstil wiederholt oft Informationen mehrmals und erzählt gerne noch kleine Anekdoten dazu. Auch vom Hölzchen aufs Stöckchen zu kommen ist ein typisches Merkmal von Menschen, die als Kinder viel zu zweit gespielt haben. Da war im Spiel am Tag für solche kommunikationsverlängernden Stilmittel einfach genug Zeit. Es ging ja weder um die Zeit, noch um das Gewinnen, noch um die Gruppendynamik wie bei den Jungengruppenspielen, es ging einfach darum, nachhaltig Nähe und Vertrautheit mittels der Sprache zu kreieren.

Wenn Sie mal den Zeitschriftenmarkt studieren, werden Sie feststellen, dass das Angebot sich bei Männer- und Frauenzeitschriften auch nach dem männlichen und weiblichen Kommunikationsstil orientiert:
Die meisten Männer führen selbstgewählte Gespräche über Dinge und Tätigkeiten – typische Männerzeitschriften sind entweder Fachzeitschriften mit Themenschwerpunkten wie zum Beispiel Sport, Computer, Auto, Motorrad, Sammlungen oder Leidenschaften wie Modelleisenbahnen oder Briefmarken, etc. oder sie befassen sich mit männlichen Tätigkeiten wie Fußball, Fitness oder Heimwerkern.
Die meisten Frauen führen selbstgewählte Gespräche über

Menschen und Gefühle – typische Frauenzeitschriften sind sogenannte People-Magazine, wo es um Menschen und Gefühle geht – selbst in den gehobeneren Blättern geht es vor allem darum, sich und andere besser zu verstehen und sich in puncto Klatsch auf den neuesten Stand zu bringen.

Natürlich geht es in Frauenzeitschriften auch um Mode, Kosmetik, Kochen und Horoskope, aber immer gibt es mindestens eine größere Reportage über Menschen und über psychologische Themen und Selbsterfahrung.

Den alltäglichen rhetorischen Wettstreit im Arbeitsalltag empfinden die meisten Männer, die in einer Jungenspielgruppe groß geworden sind, als angenehmen Konkurrenzkampf, als positive Herausforderung, der sie sich gewachsen fühlen.

Wenn sie einmal den Kürzeren ziehen, nehmen sie es sportlich und freuen sich auf die nächste Runde, in der sie dann wieder gewinnen könnten.

Frauen empfinden Konkurrenzkampf in der Arbeit als sehr unangenehm und machen auch nach neuesten Studienergebnissen zufolge lieber weniger Karriere als sich des beruflichen Aufstiegs zuliebe der Herausforderung und dem Konflikt zu stellen. Sie sind es ja nicht gewohnt und allein die Andeutung eines Konflikts beschwört in ihnen sofort wieder die Urangst vor dem Ausstoß aus der Gruppe und vor Liebesverlust. In der Business-Welt übersetzt sich diese Angst schlicht mit der Angst vor dem Verlust des Arbeitsplatzes und der Sympathiewerte bei den anderen.

Frauen mögen in der Business-Kommunikation lieber interaktive Teamarbeit und kooperative Orientierung.

Wenn ein Mann Ihnen zuhört, können Sie auch ruhig davon ausgehen, dass er es nicht tut. Männer haben von klein auf oft in ihrer Jungengruppe geübt (oder auch zu Hause, wenn mal wieder das unangenehme Geräusch des Schimpfens im Raum zu hören war), wie sie aussehen können wie ein konzentrierter Zuhörer, aber innerlich an ganz andere Dinge denken oder ihre Nothing-Box* einschalten. Und oft genug kommen sie damit auch durch.

Wenn Sie also einem Mann etwas erzählen, das Ihnen wichtig ist oder das eine Aufgabe für den Mann beinhaltet, dann machen Sie am Ende das Gesprächs noch einmal eine Zusammenfassung und lassen Sie diese am besten noch einmal von Ihrem Gegenüber wiederholen. Meiner Erfahrung nach gibt es auch viele Männer, die nur die Hälfte gehört haben und dies für das Gesamte halten. Oder die bei einem Auftrag nach der Einleitung denken, sie wüssten nun, was zu tun sei, innerlich abschalten und den eigentlichen Auftrag nicht mitbekommen.

Beachten Sie immer, dass Männer von klein auf trainiert haben, ein Pokerface zu machen.

Frauen dagegen haben von klein auf trainiert, Empathie als Schlüssel zu anderen Menschen einzusetzen. Daher hören sie auch meist sehr aufmerksam zu und haben auch meist ein recht gutes Gedächtnis, um nachhaltig mit der anderen Person in angenehmer Atmosphäre kommunizieren zu können.

---

* Nothing-Box, s. Kapitel 5

Die 10 goldenen Kommunikationswerkzeuge für eine optimale Verständigung von Männern und Frauen

1 Loben

2 Ursache für seltsame Kommunikation in der eigenen Kindheit und beim Gegenüber suchen – und verzeihen

3 Tue Gutes und rede darüber

4 Direkt sagen, was man möchte – höflich

5 Verschiedene Ängste beachten – Liebesverlust versus Gesichtsverlust

6 Verschiedene „Ich liebe Dich's" im Hinterkopf haben

7 Positive Sprachwendungen und Inhalte verwenden

8 Bei Konflikten Gesprächstermine vereinbaren

9 Bei Totschlagargumenten W-Fragen anwenden und locker bleiben

10 Entspannen